MICHAEL LANGER · FERDINAND NEGES

Play Guitar
SPIELBUCH

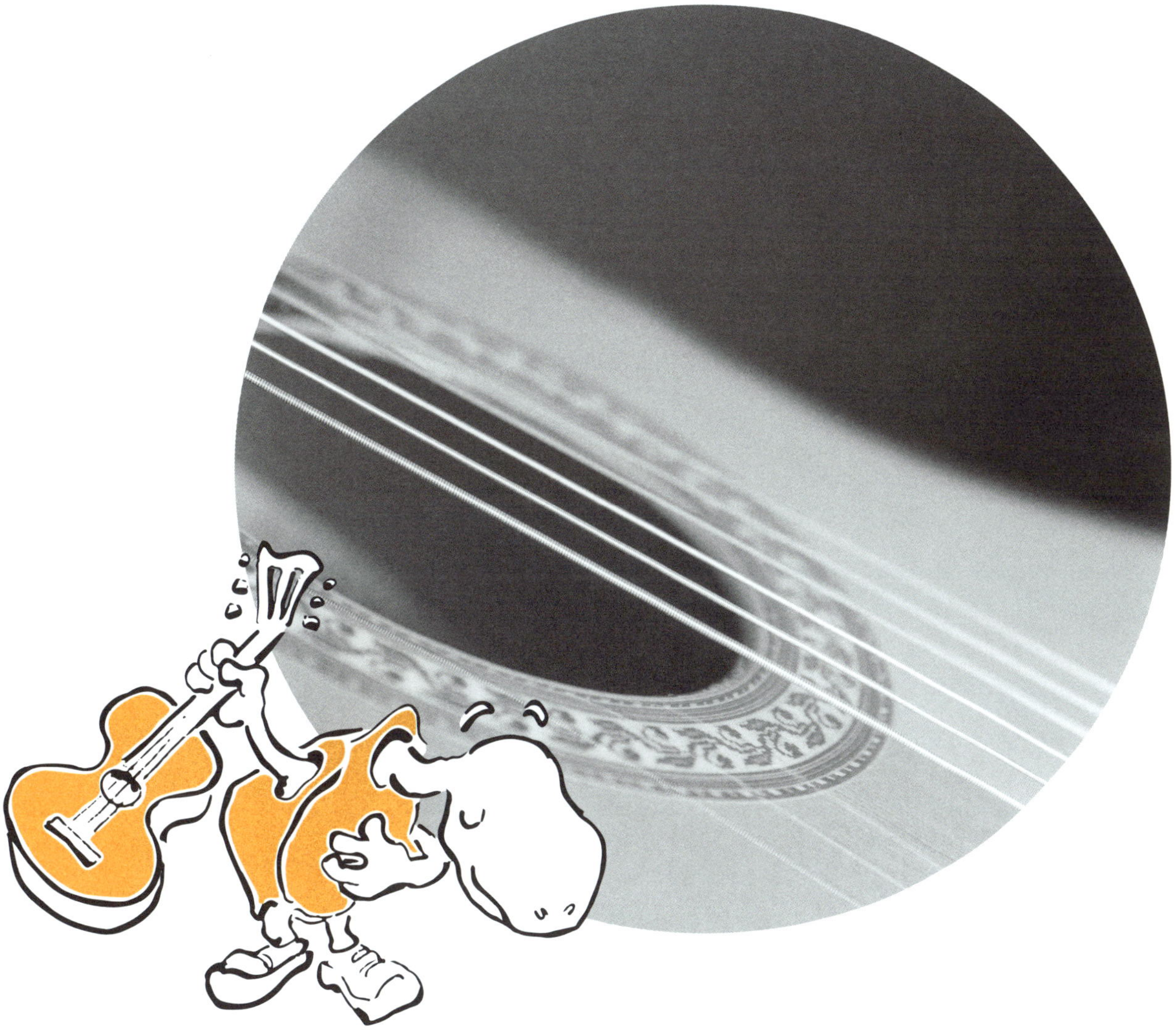

Das Spielbuch zu allen Gitarrenschulen

- 74 leicht spielbare Solostücke
- Didaktisch auf den Punkt gebracht
- Bewährtes und Neues von Klassik bis Pop
- Learn & Play inklusive Audio-Download 

Die Autoren:

Michael Langer

spielt sowohl klassische Gitarre als auch Fingerstyle. Zu Beginn seiner Karriere gewann er den Wettbewerb des „American Fingerstyle Guitar Festival“ und wurde von der US-Zeitschrift „Guitar Player“ als bester „Acoustic Fingerstyle-Gitarrist“ ausgezeichnet.

Heute ist er Univ. Prof. für klassische Gitarre an der Anton Bruckner Privatuniversität in Linz und an der Musik und Kunst Privatuniversität in Wien und spielt seit 35 Jahren Konzerte in vielen Ländern Europas, in den USA und in China.

Langer ist Autor zahlreicher Publikationen, die in mehrere Sprachen übersetzt international erschienen sind, und wirkt auch als vielbeschäftigter Dozent von Meisterkursen und Fortbildungsveranstaltungen.

Mehr Informationen über CDs, Bücher, Konzerte und Workshops auf seiner Homepage: www.michaellanger.at

Ferdinand Neges

lebt seit 1986 als Gitarrenlehrer in Wien. Seine Ausbildung absolvierte er an den Musikuniversitäten Graz (Marga Bäuml-Klasinc, Heinz Irmler) und Wien (Konrad Ragossnig).

Regelmäßige Konzerttätigkeit in verschiedenen Kammermusikbesetzungen. Internationale Erfolge mit den „Vienna Guitar Players“. Rundfunk- und CD-Produktionen mit Neuer Musik.

Seit 1994 beschäftigt sich Ferdinand Neges (als Herausgeber, Arrangeur und Komponist) speziell mit der Unterrichts- und Spielliteratur für den Gitarrenunterricht.

Die Audiodateien können unter

download.dux-verlag.de

kostenlos heruntergeladen werden.

Der Download-Code befindet sich auf der letzten Seite dieses Buches.

D 3508 / ISMN 979-0-50017-419-6 / ISBN 978-3-86849-265-1

Layout: Ferdinand Neges (f.neges@drei.at)
Notensatz: Michael Langer (www.michaellanger.at)
Cartoons: Jan Daxner (jan.daxner@hotmail.com)
Covergestaltung: Bertram Bergner, Tollwerk GmbH
Titelfoto: Schrägformat Fotografie

Audio: Michael Langer, Gitarren
Tontechnik: Valentin Langer
Studio: Wupp Music

www.dux-verlag.de

Wir bedanken uns bei Sabine Ramusch und Valentin Langer.

Über dieses Spielbuch

Das Play Guitar Spielbuch ist eine didaktisch sorgfältig gearbeitete Sammlung von Solostücken in vier Teilen.
Vorausgesetzt werden die Kenntnis der Töne in der I. und II. Lage, einfaches zweistimmiges Spiel mit leeren und gegriffenen Bässen sowie Grundkenntnisse der Liedbegleitung (einfache Akkorde, einfachste Zerlegungspatterns).

Bei den ausgewählten Spielstücken steht anfangs immer nur **ein** spieltechnisches Thema im Mittelpunkt. Diese Themen werden schrittweise in den Teilen 1 – 3 weiterentwickelt und zunehmend einander gegenübergestellt bzw. in Teil 4, dem Spielteil, vermischt.
Wichtig ist uns, dass der Schüler/die Schülerin lernt, die angesprochene Spieltechnik zu erkennen. Als Hilfe dazu haben wir überall dort, wo es notwendig erscheint, eine Übung („Check-In") vorangestellt. In diesem „Check-In" versuchen wir das jeweils neue spieltechnische Thema auf den Punkt zu bringen.

Drei Symbole

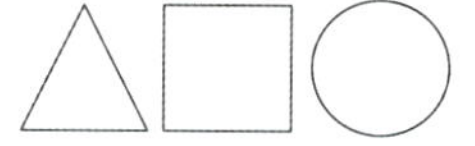

Diese drei Symbole findet man in der Titelleiste eines jeden Stückes.
Sie sollen für den Schüler eine **zusätzliche Motivation** und für den Lehrer eine **Orientierungshilfe** sein: Je nachdem, wie gut ein Stück bewältigt wurde, darf der Schüler das erste, zweite und schließlich auch das dritte Symbol farbig ausmalen. Der Lehrer kann mit einem Blick erkennen, wie gut welches Stück „sitzt".

Schildi

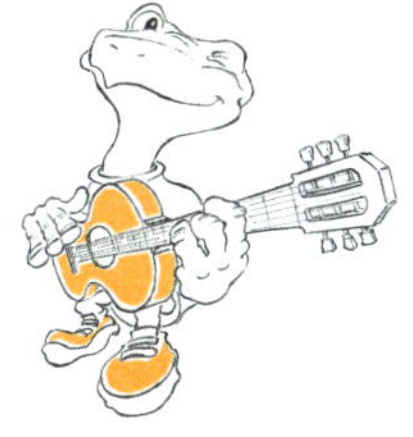

Viele werden unser Maskottchen Schildi bereits aus „Play Guitar Together 1 & 2" oder aus „Play Guitar Junior" kennen.
Auch im „Play Guitar Spielbuch" ist Schildi ein kundiger Begleiter durch das gesamte Heft.
Die liebevollen Cartoons von Jan Daxner lockern das Notenbild auf, sorgen für Abwechslung und zusätzliche Motivation.

Check-In

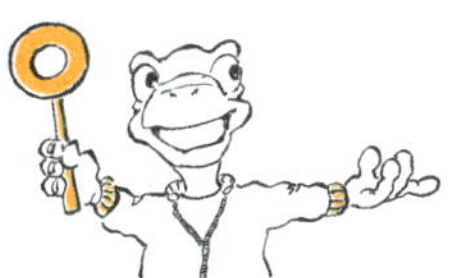

Als Check-In bezeichnen wir im Play Guitar Spielbuch die **Vorübungen**, die dem Schüler/der Schülerin helfen sollen, neue Spieltechniken auf einfachster Basis zu erkennen und zu erlernen.

Audiofiles

Bis auf die Check-Ins wurden sämtliche Stücke des Spielbuchs live eingespielt (auf Wiederholungen wurde manchmal verzichtet). Die Audiodateien können mit dem Download-Code heruntergeladen werden. Falls die Tempi anfangs noch zu schnell sind, helfen viele Apps, diese individuell anzupassen, ohne die Tonhöhe zu verändern.

Das Play Guitar Spielbuch eignet sich als Fortsetzung für jede Gitarrenschule.

Michael Langer
Ferdinand Neges

Inhalt

Teil 1

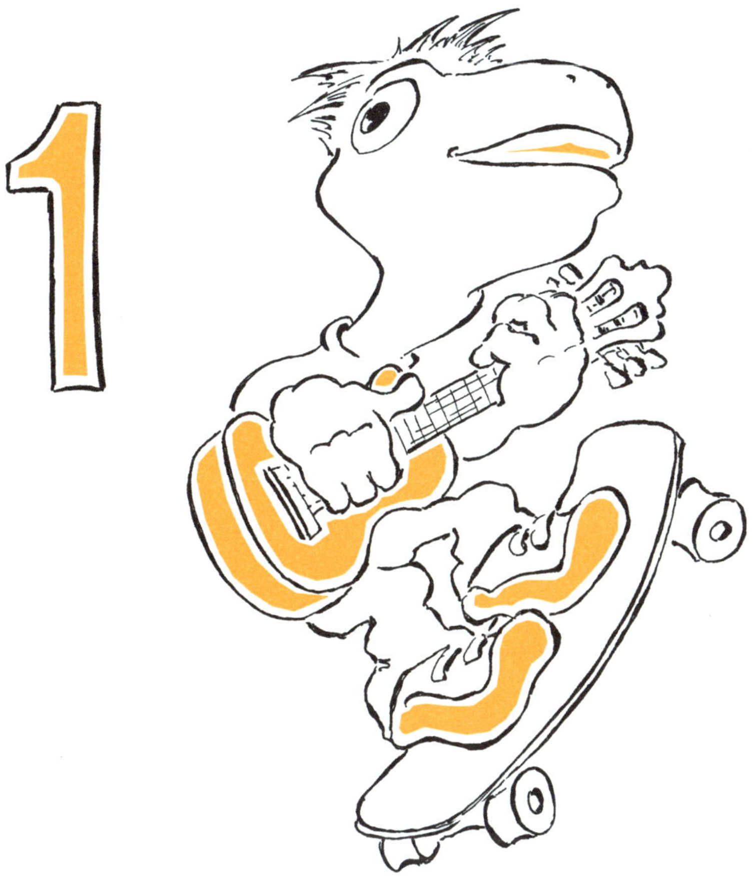

Die Spielstücke im 1. Teil wurden nach didaktischen Gesichtspunkten komponiert und ausgewählt. Im Mittelpunkt eines jeden Stücks steht ein bestimmtes spieltechnisches Thema.

Teil 1 bringt folgende Themen:

- zweistimmiges Spiel
- Melodie im Bass mit zweistimmiger Akkordbegleitung
- dreistimmige Zerlegung – zuerst mit Melodie im Bass,
dann in der Oberstimme
- Melodie im Bass mit dreistimmiger Akkordbegleitung
- Vierstimmige Akkordzerlegung – zuerst mit Melodie im Bass,
dann in der Oberstimme
- elementare (beginnende) Bindetechnik

Check-In 1

gleichzeitiger zweistimmiger Anschlag

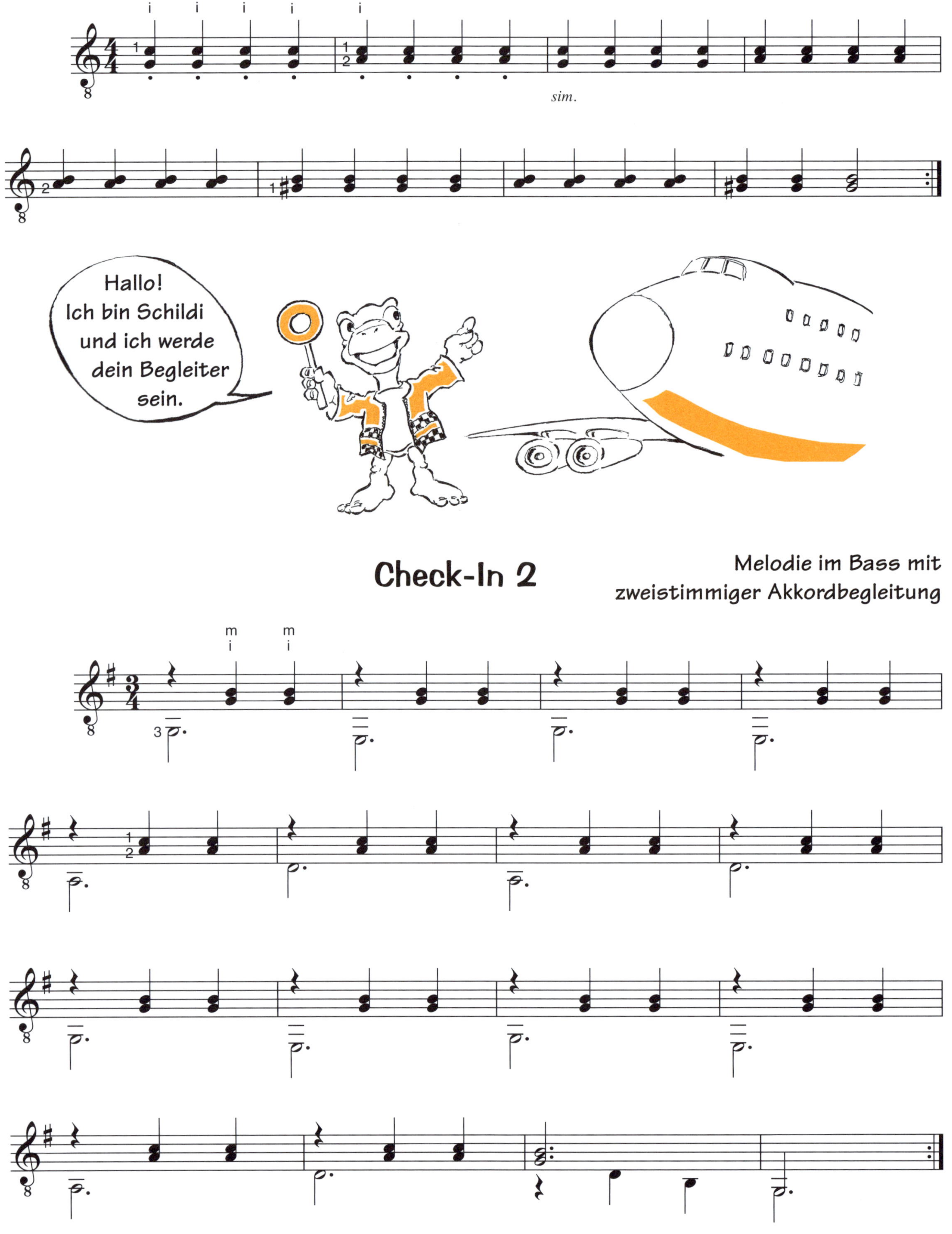

Check-In 2

Melodie im Bass mit
zweistimmiger Akkordbegleitung

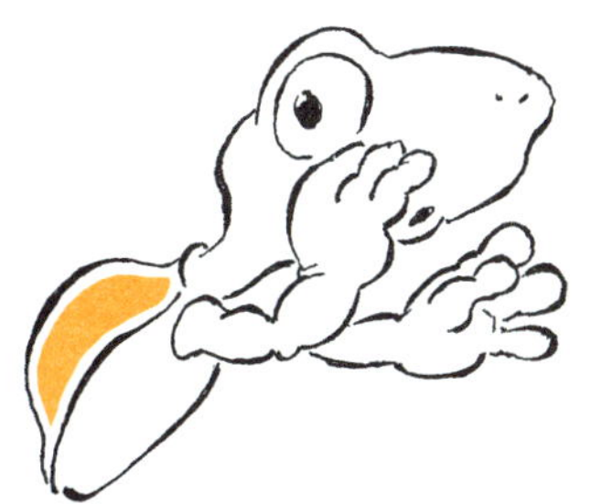

01 Ein leises Flüstern

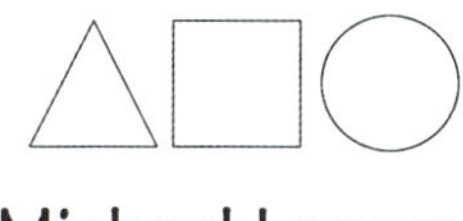

Michael Langer

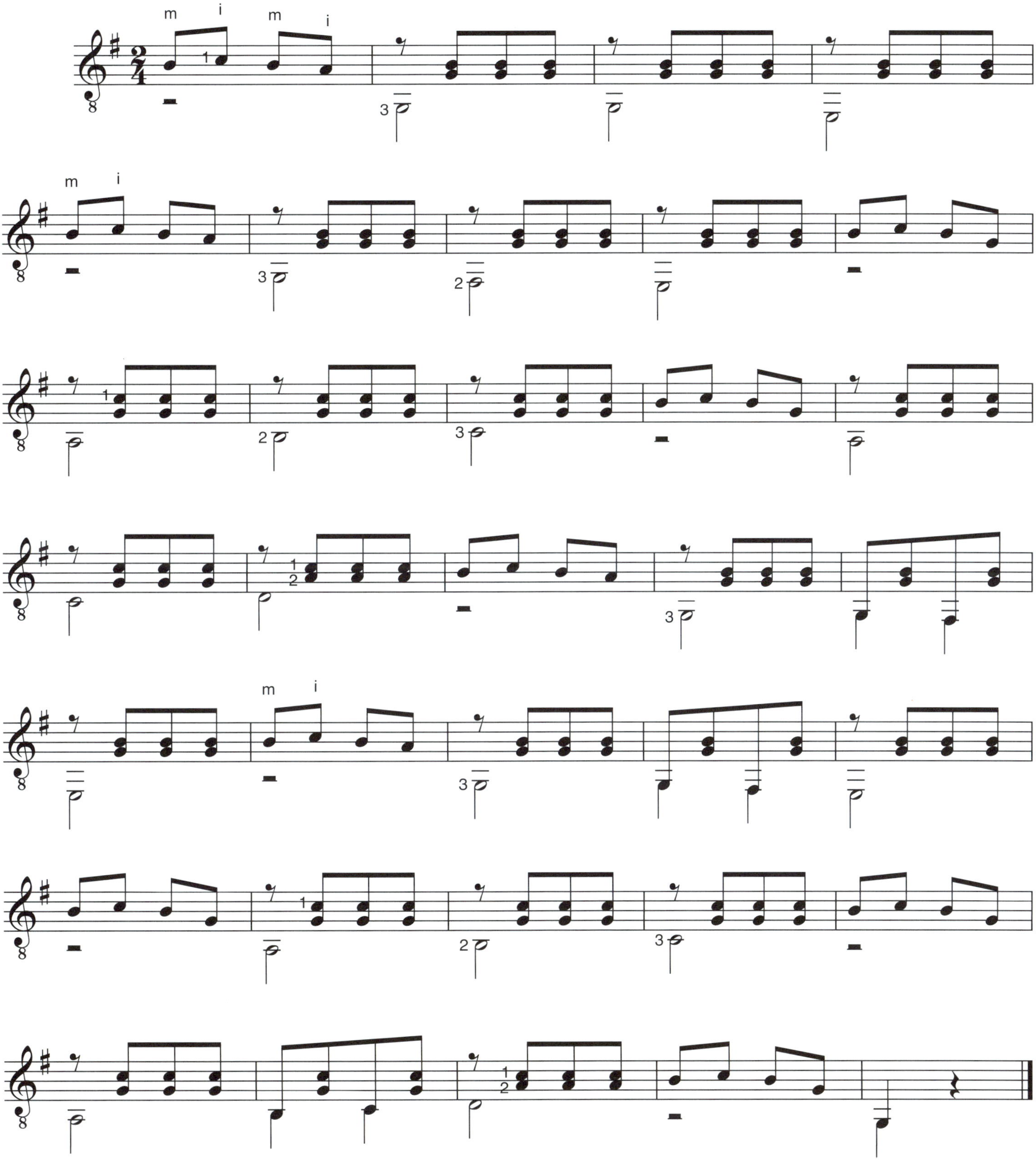

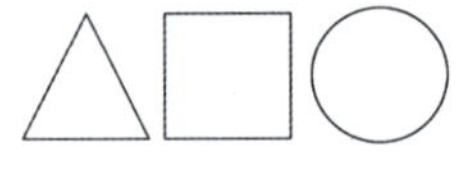

02 Der breite Fluss

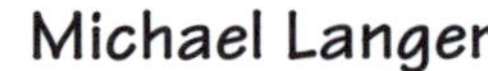

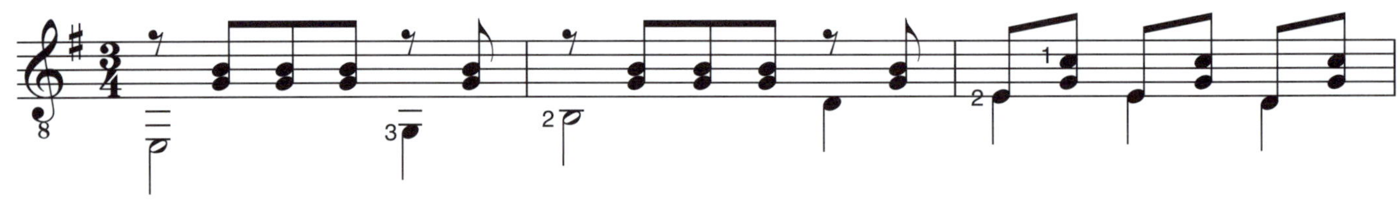

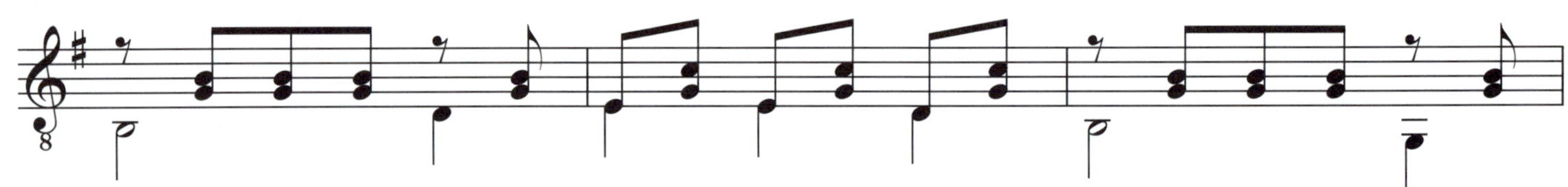

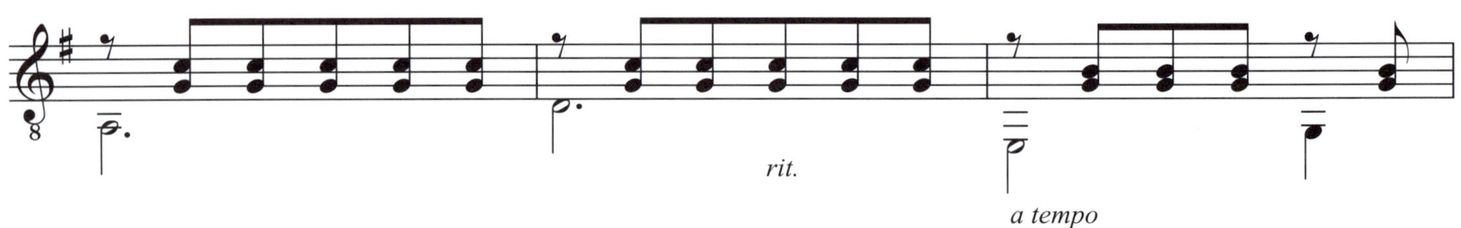

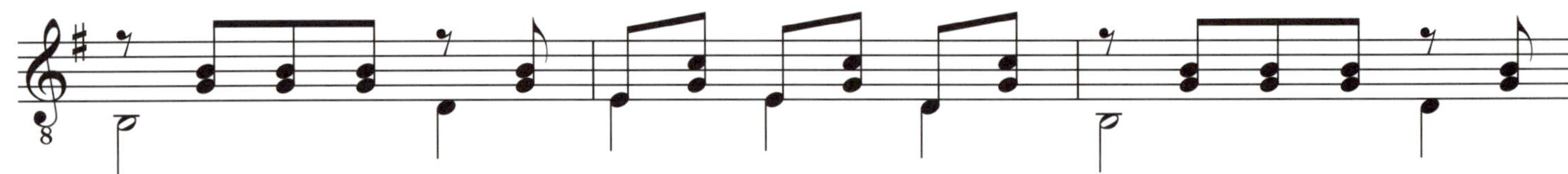

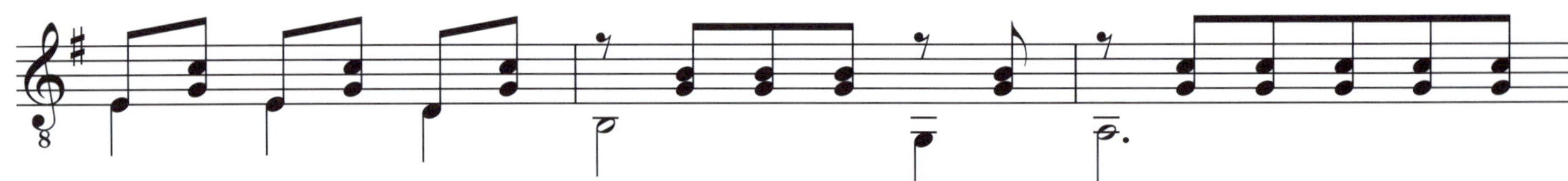

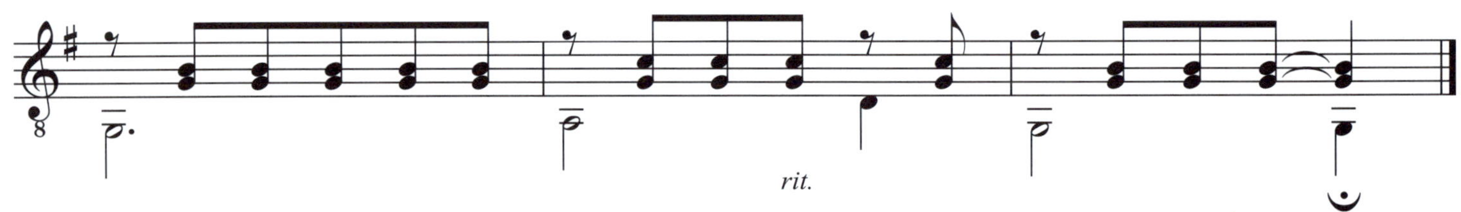

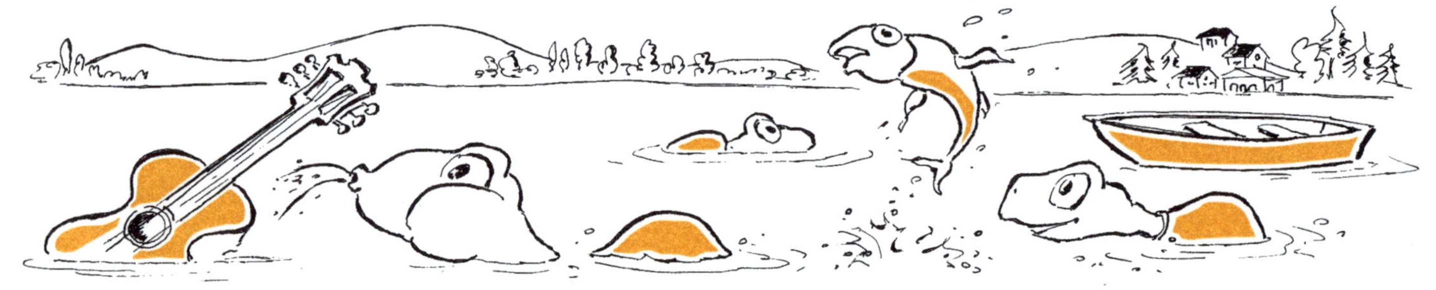

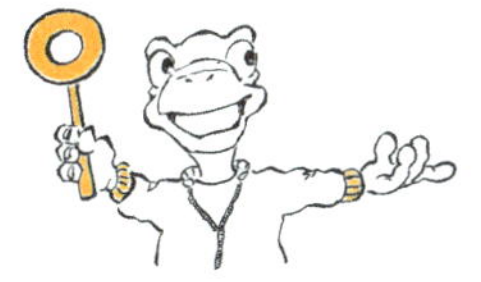

Check-In

dreistimmige Akkordzerlegung

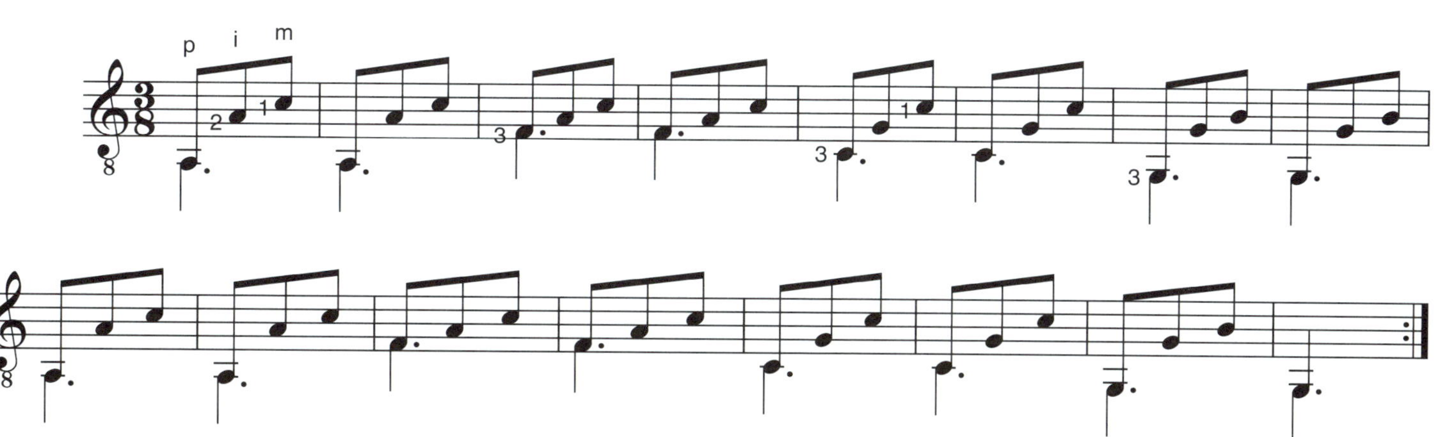

03 Der alte Stetic

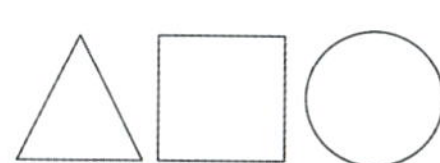

Michael Langer

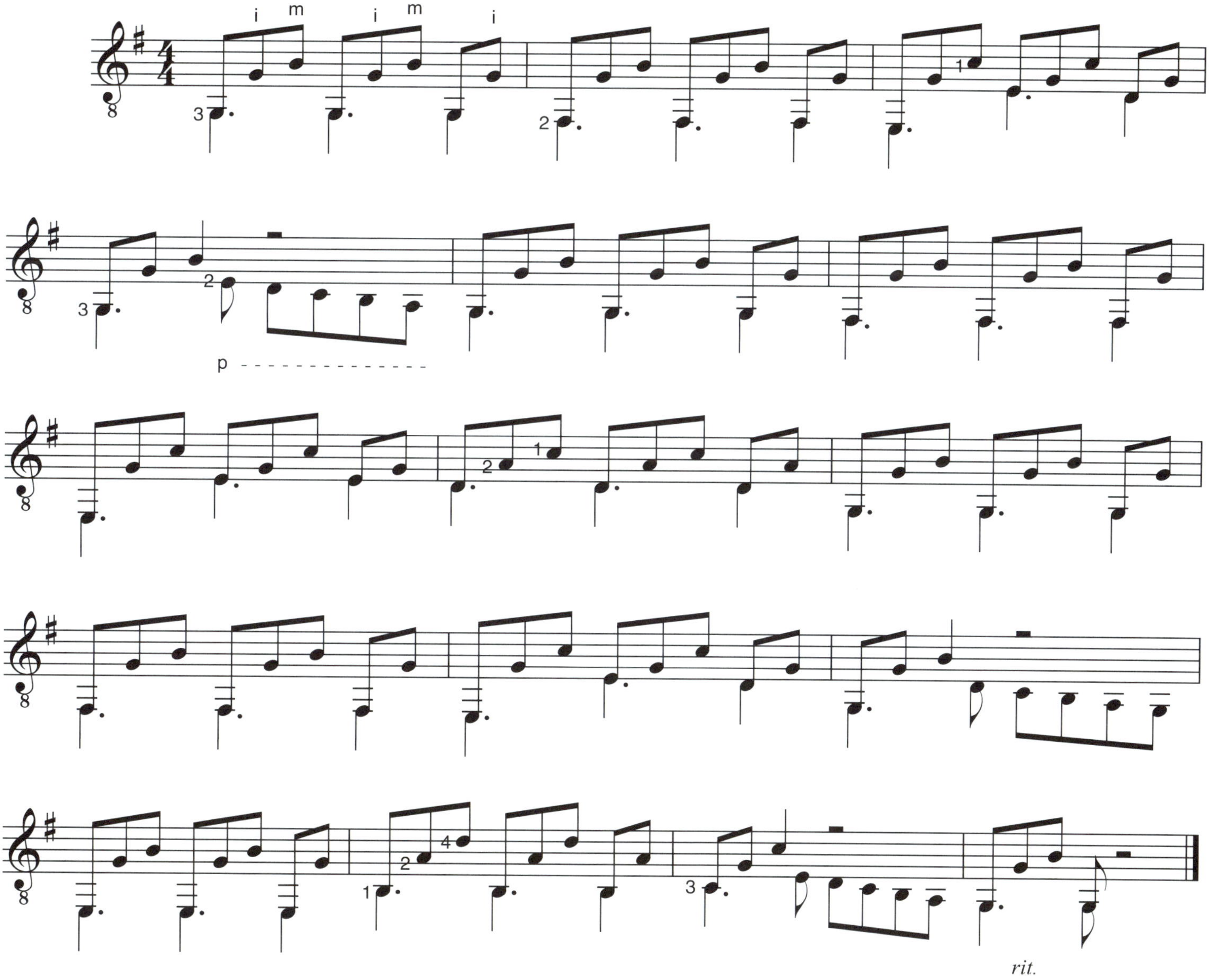

i m i m i

p

rit.

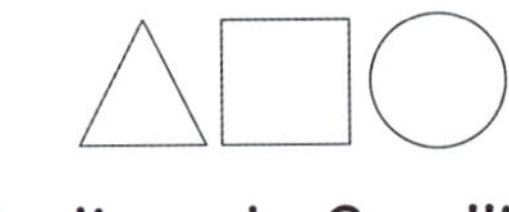

04 Prelude op.114

nach Ferdinando Carulli

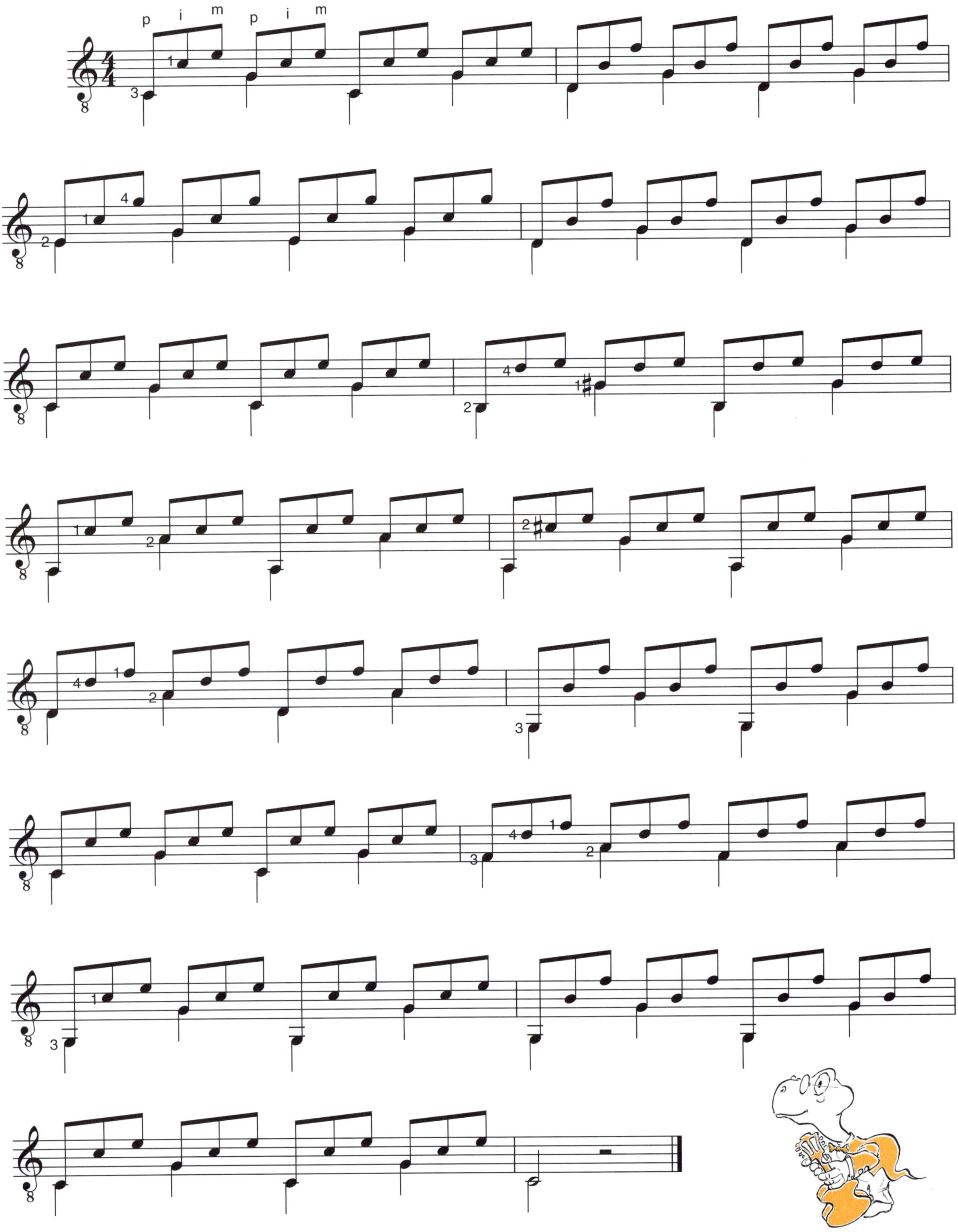

p i m p i m

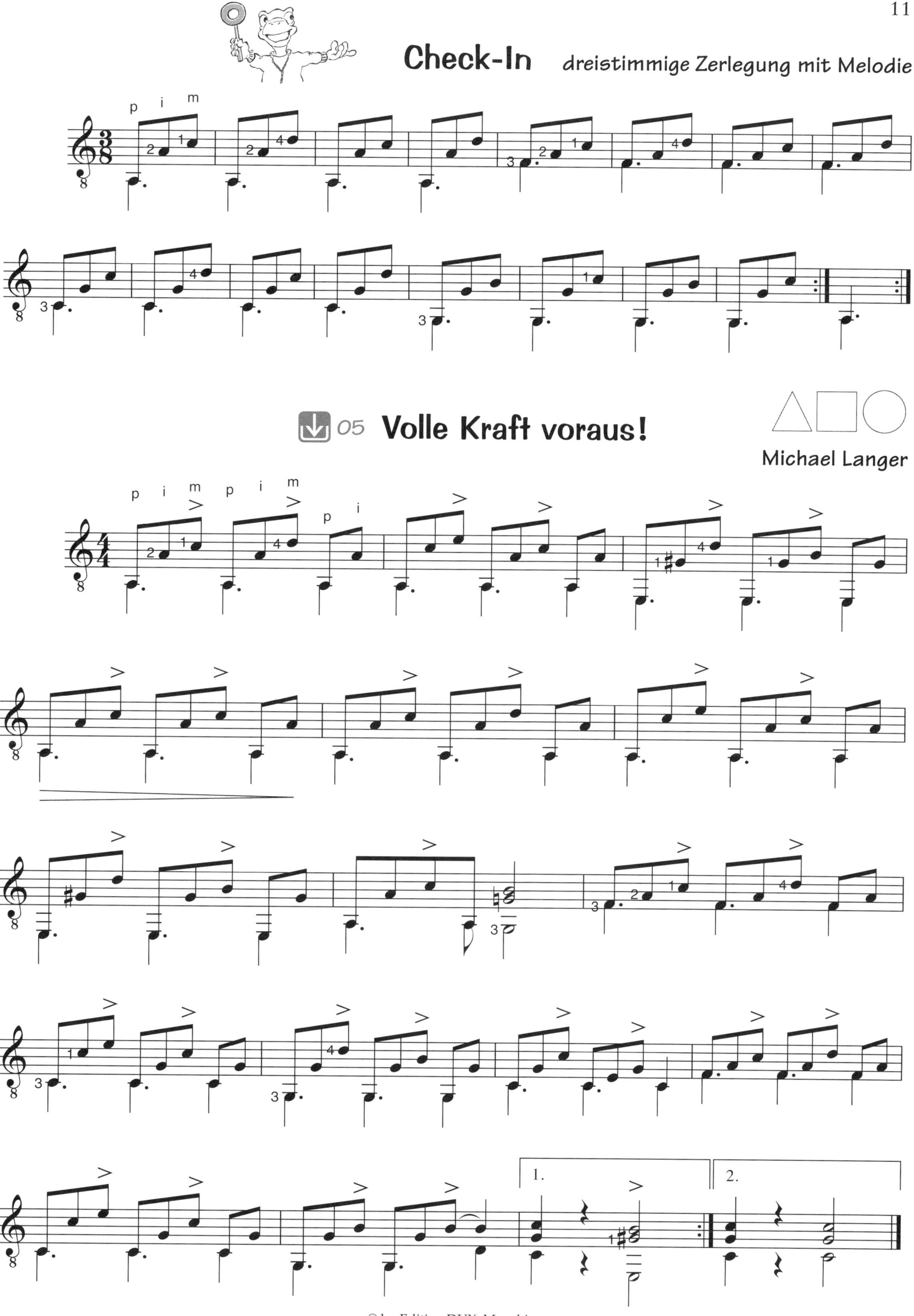
Check-In
dreistimmige Zerlegung mit Melodie
p i m
05 Volle Kraft voraus!
Michael Langer
p i m p i m
p i
1.
2.
© by Edition DUX, Manching

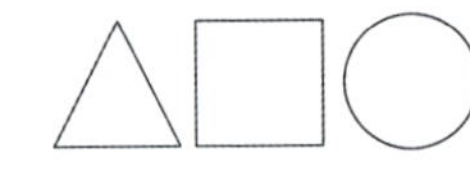

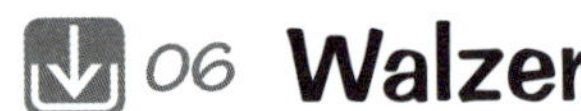

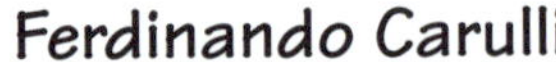

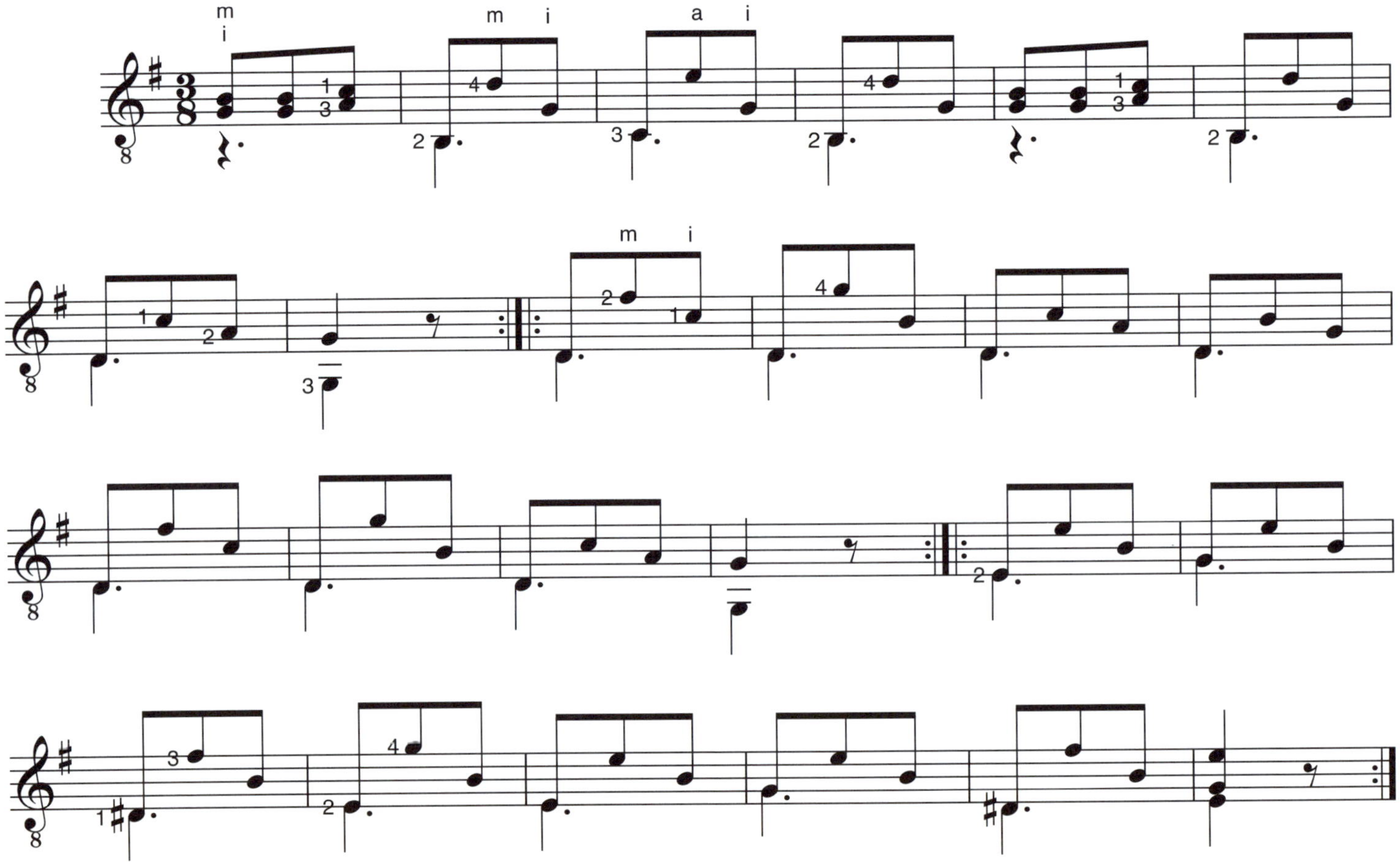

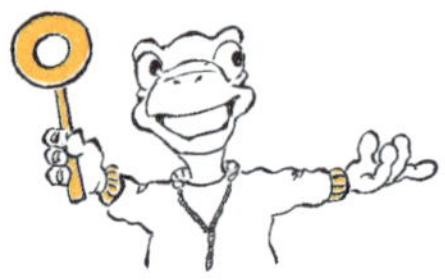

Check-In

Bass mit dreistimmiger Akkordbegleitung

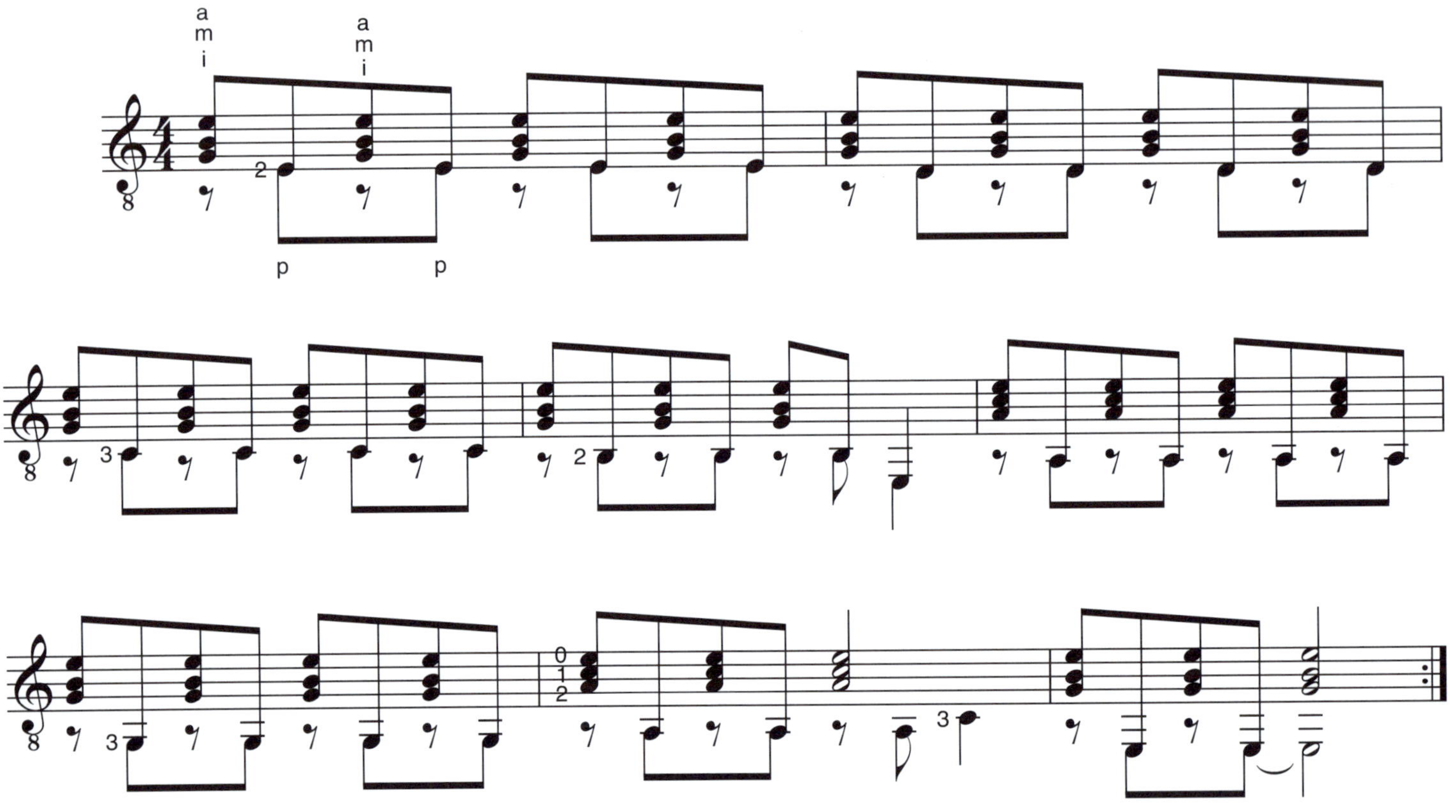

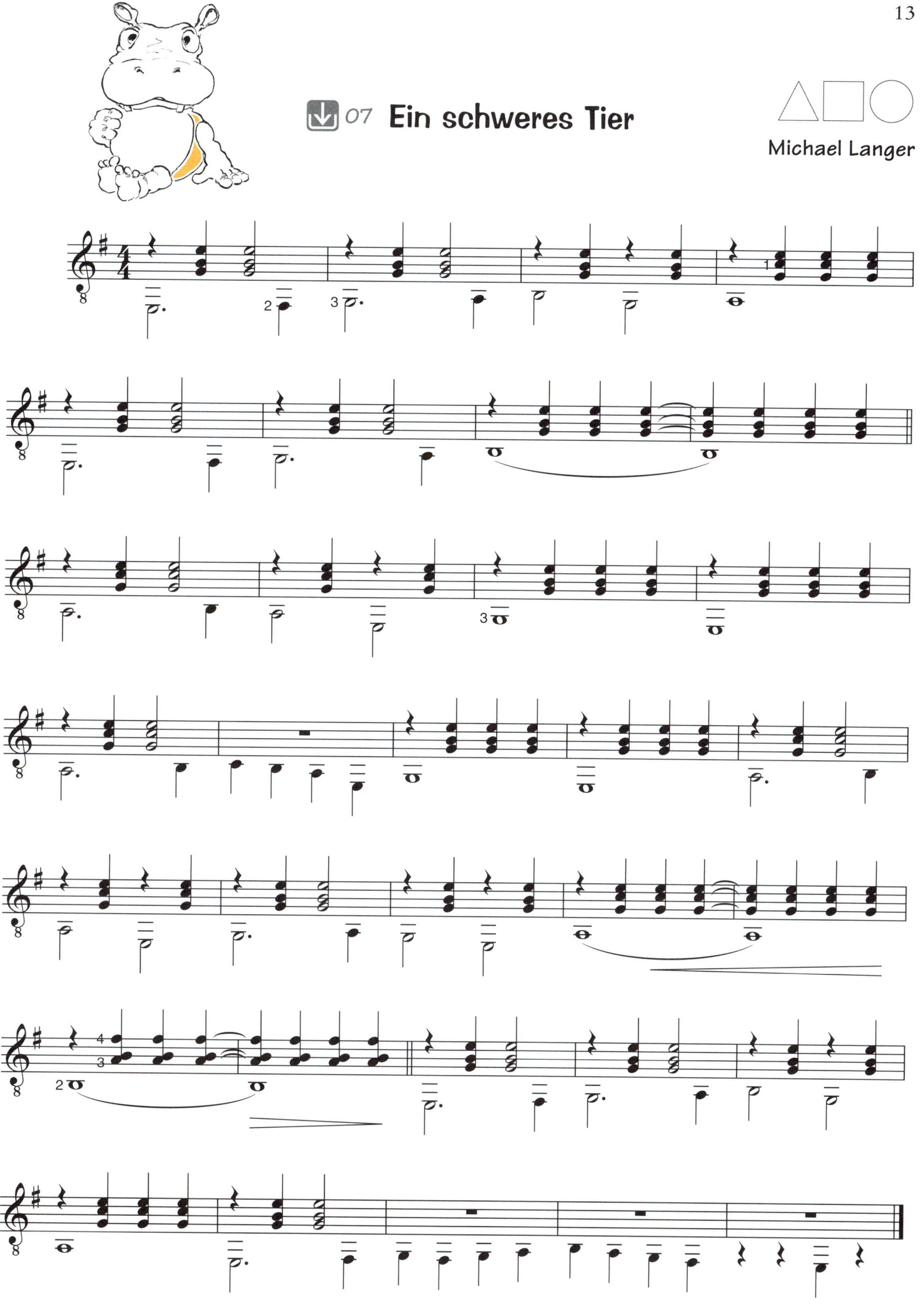
07 Ein schweres Tier
Michael Langer

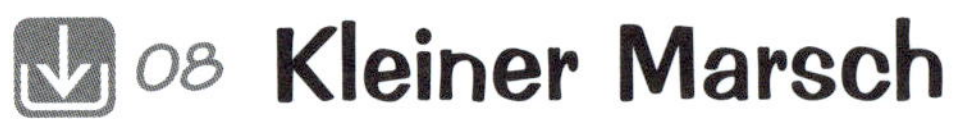

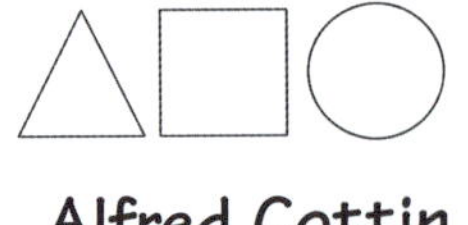

Alfred Cottin

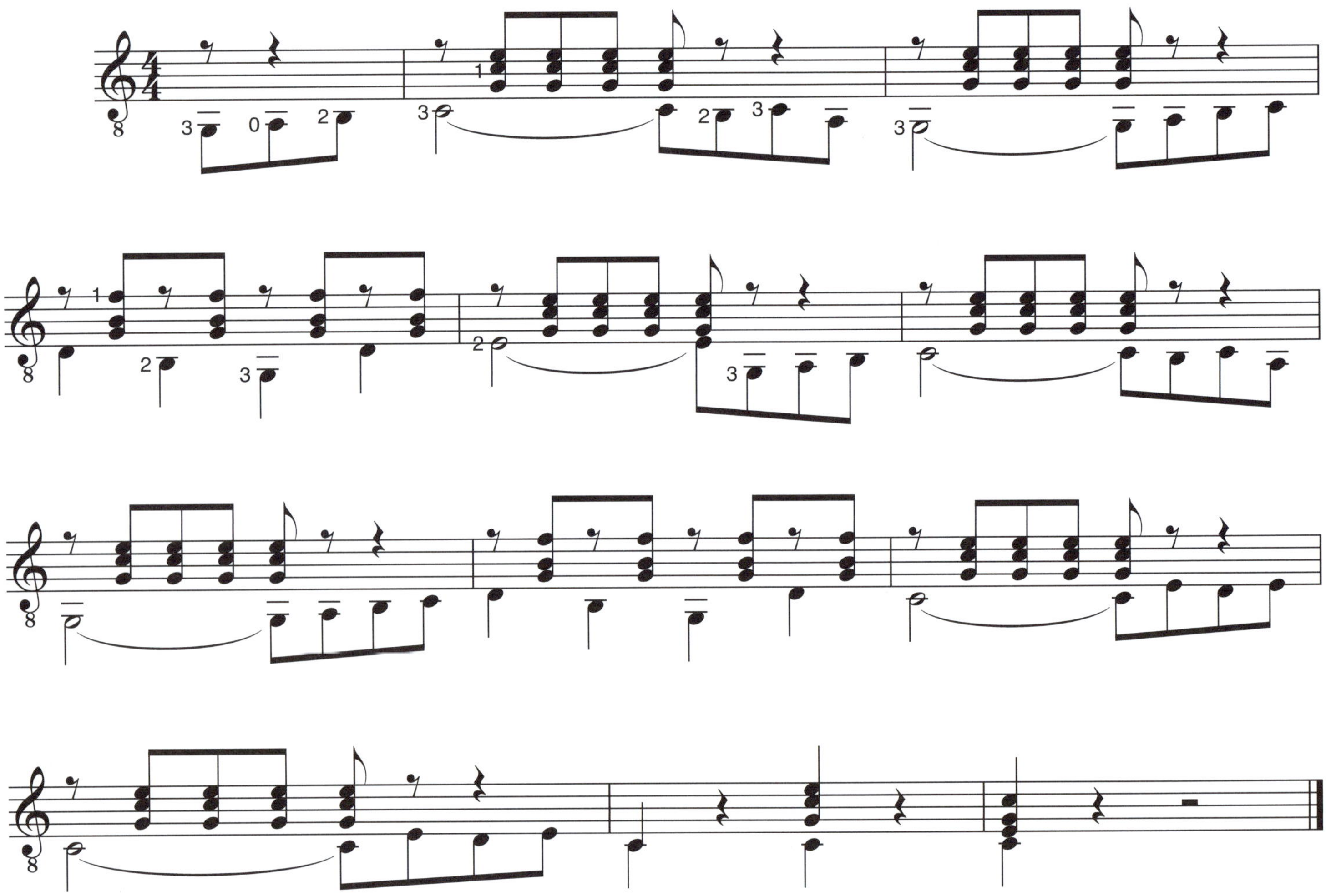

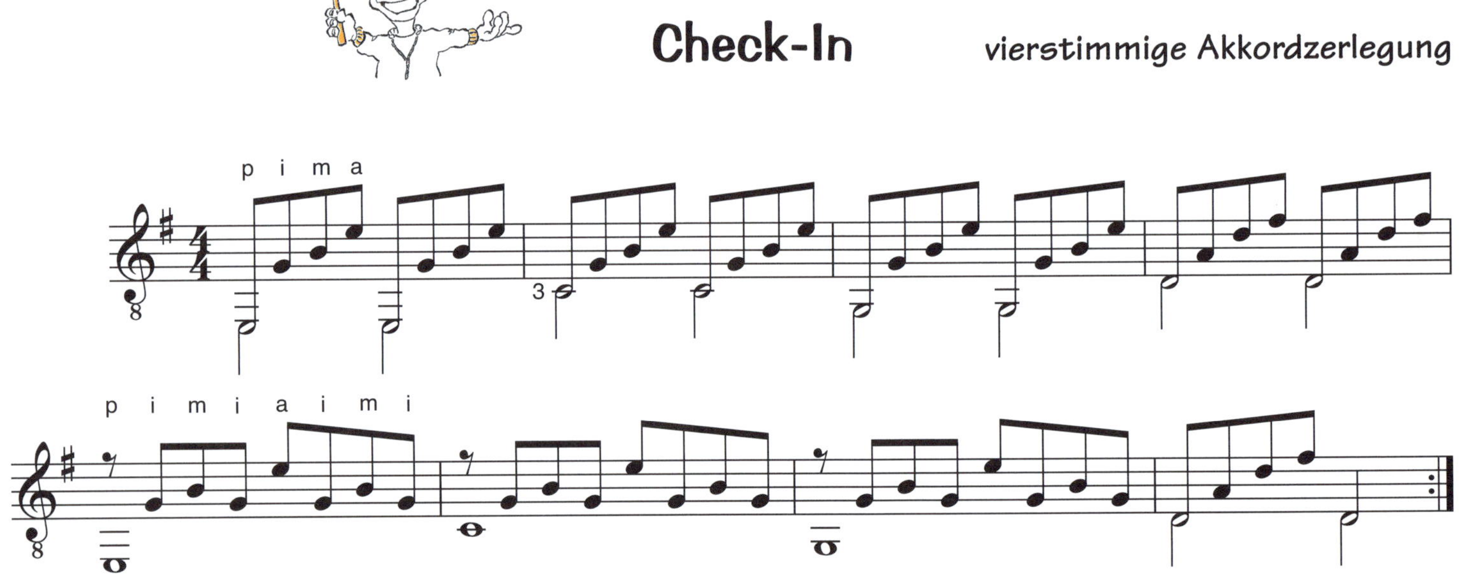

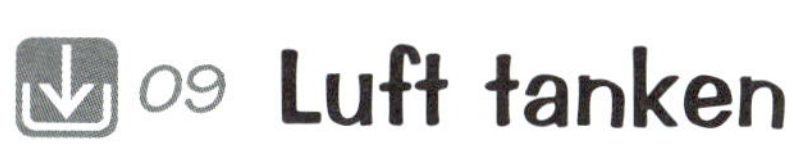

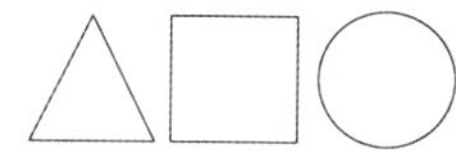

Michael Langer

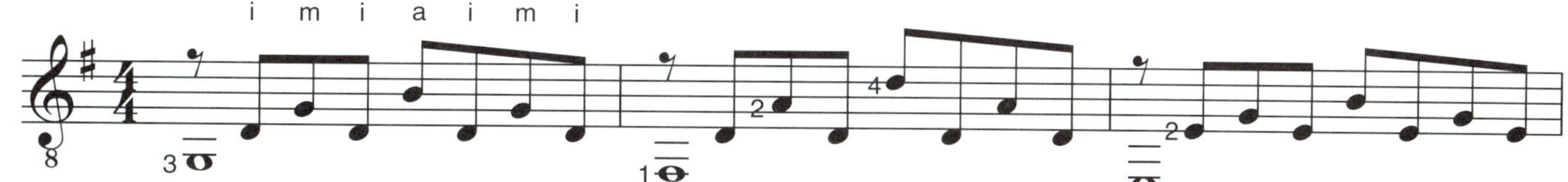

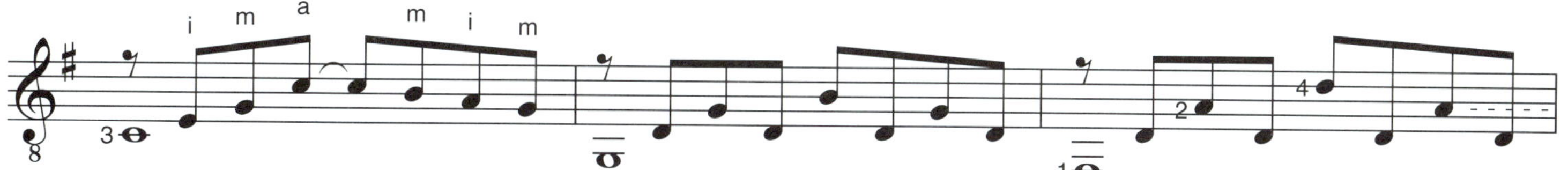

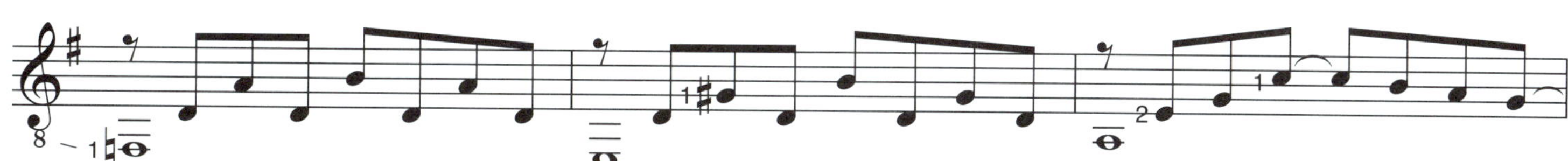

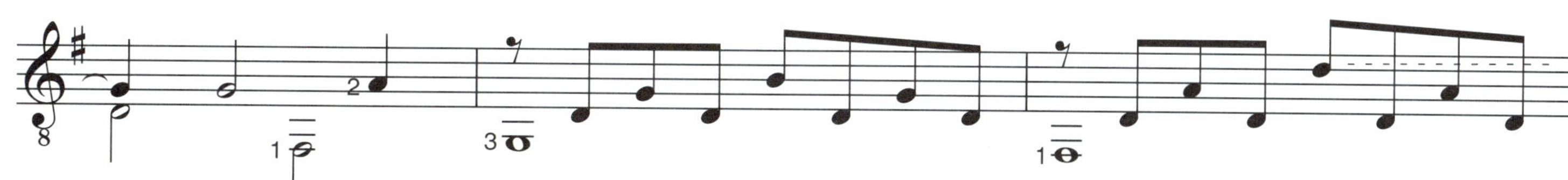

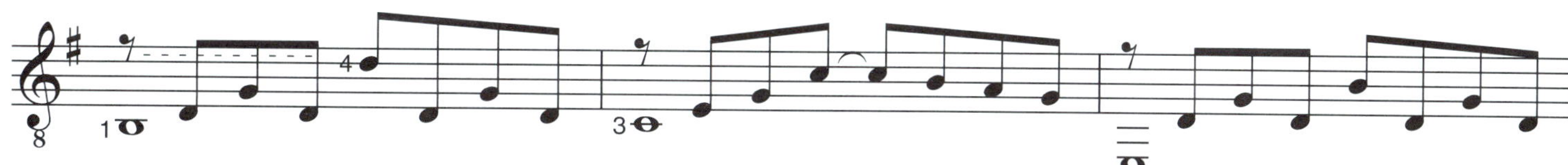

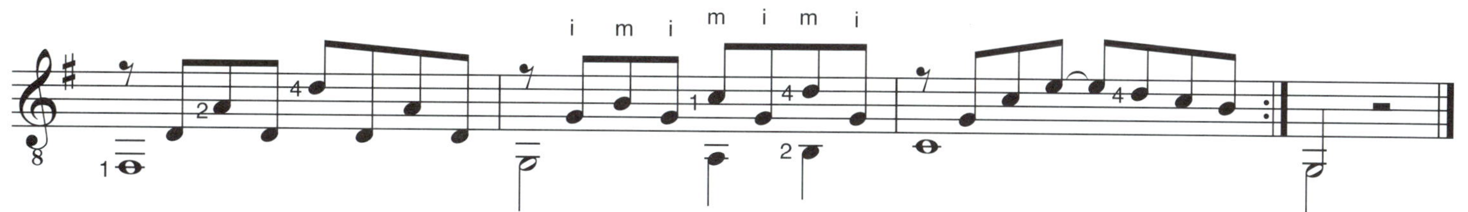

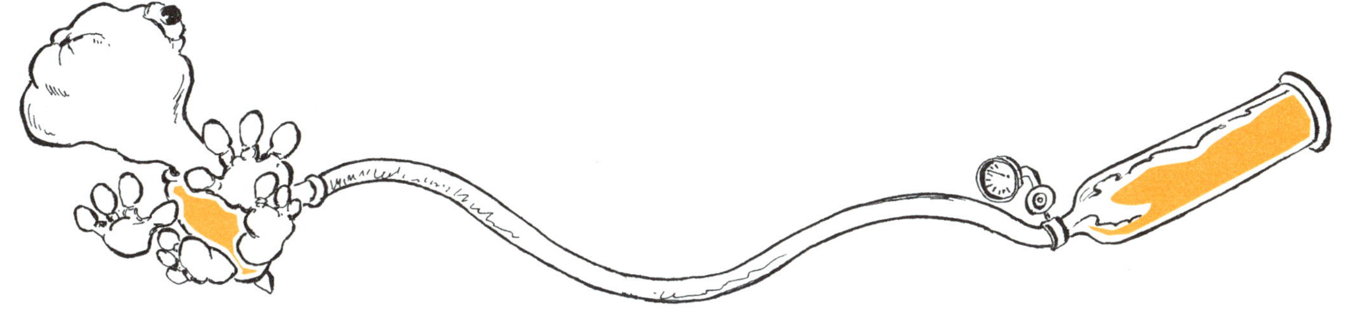

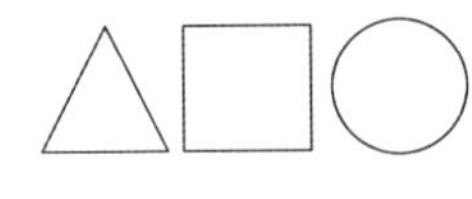

10 Der müde Wanderer

Michael Langer

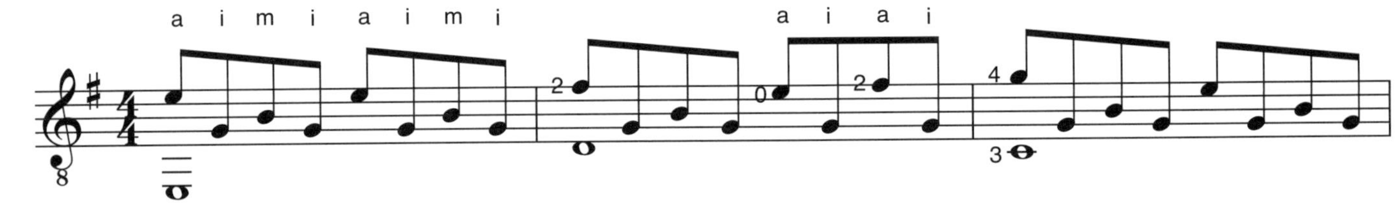

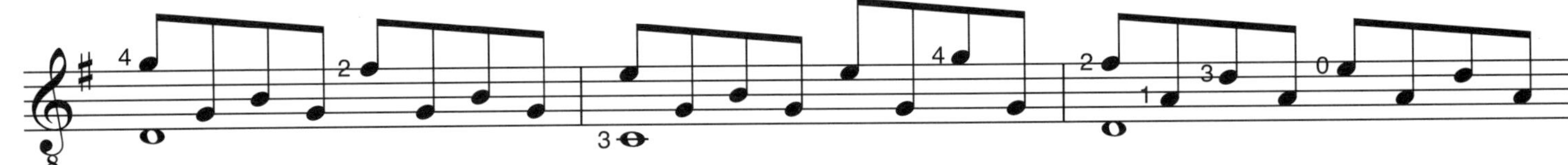

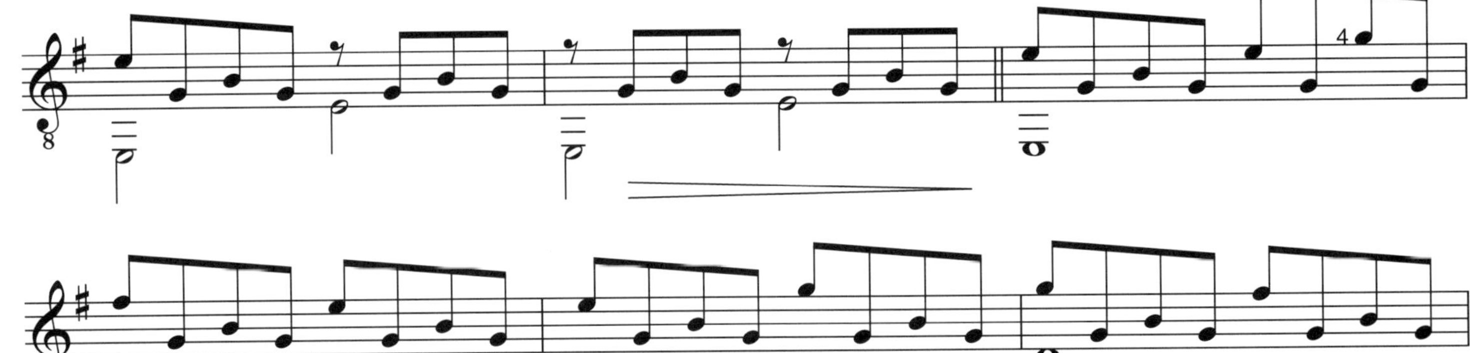

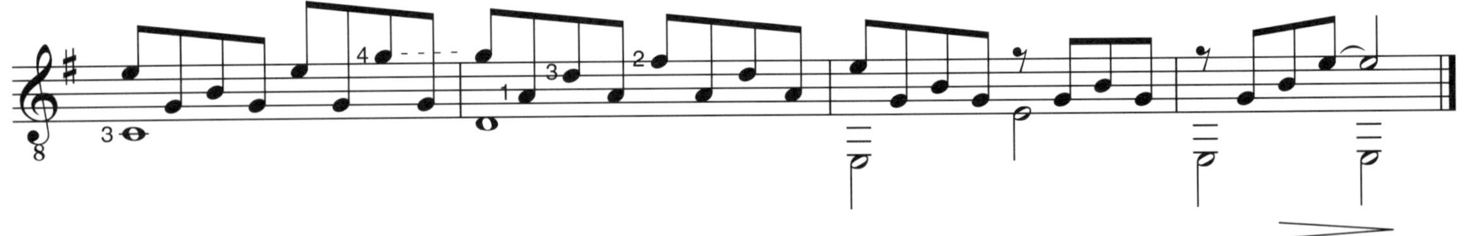

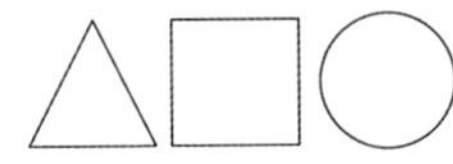

11 Glück gehabt!

Michael Langer

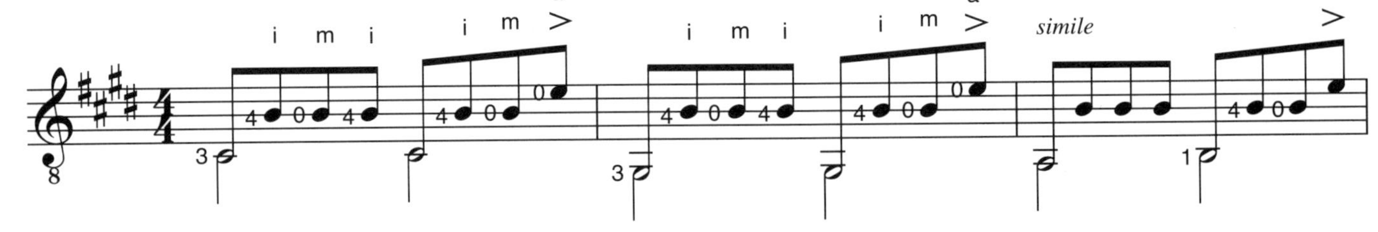

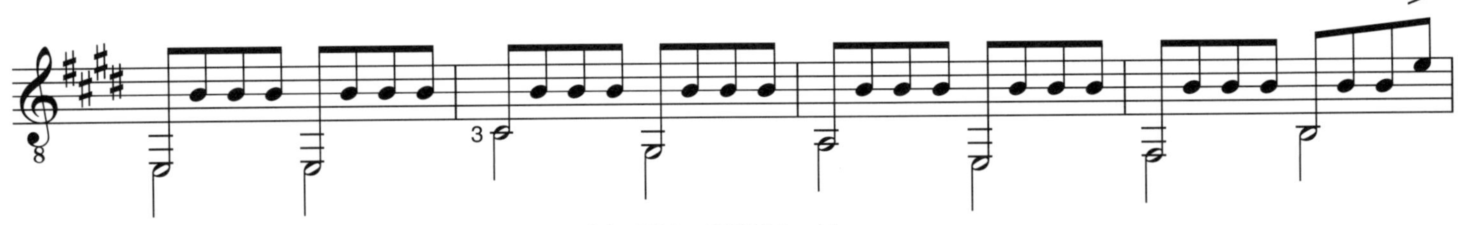

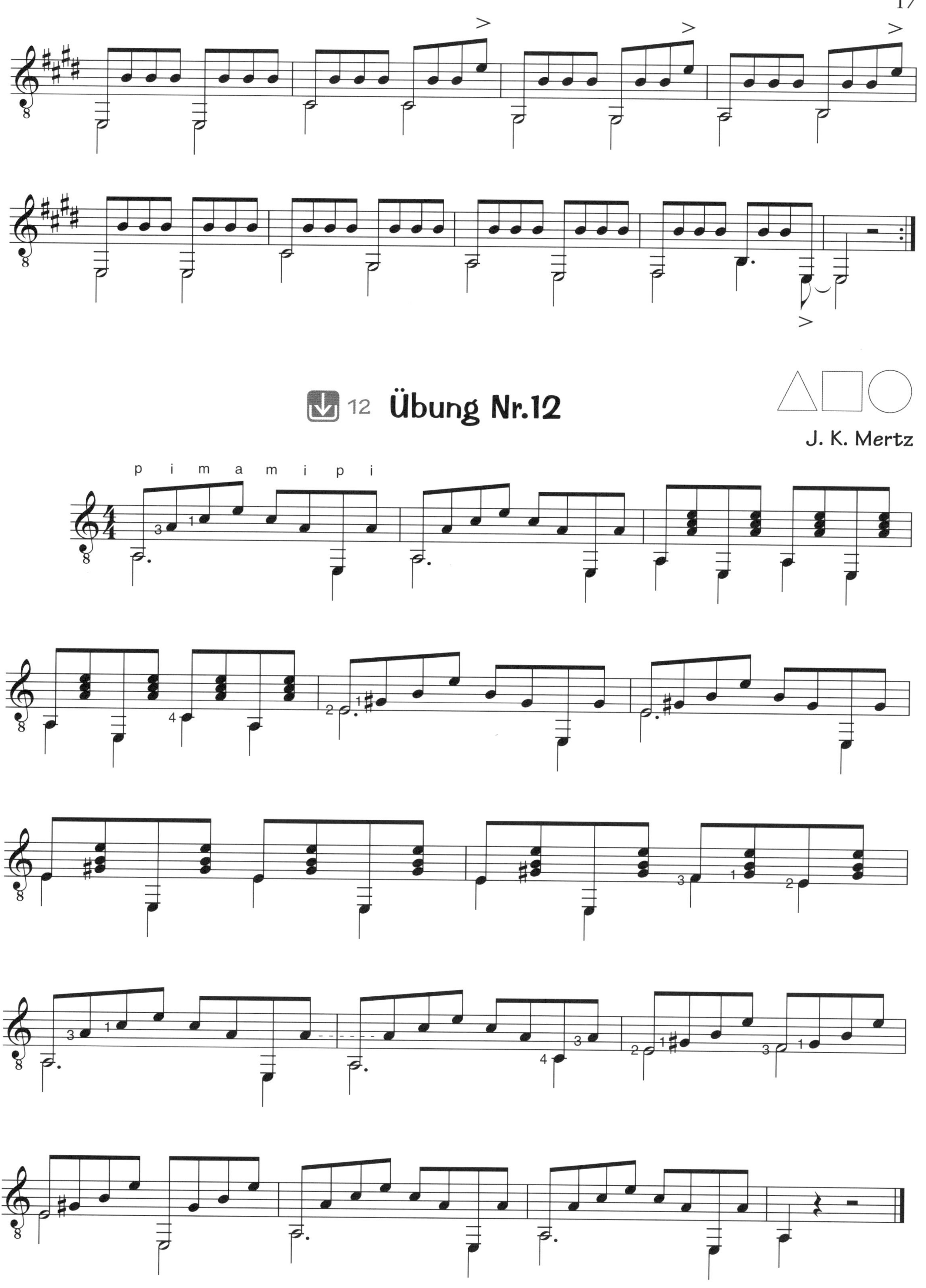
12
Übung Nr.12
J. K. Mertz
p i m a m i p i

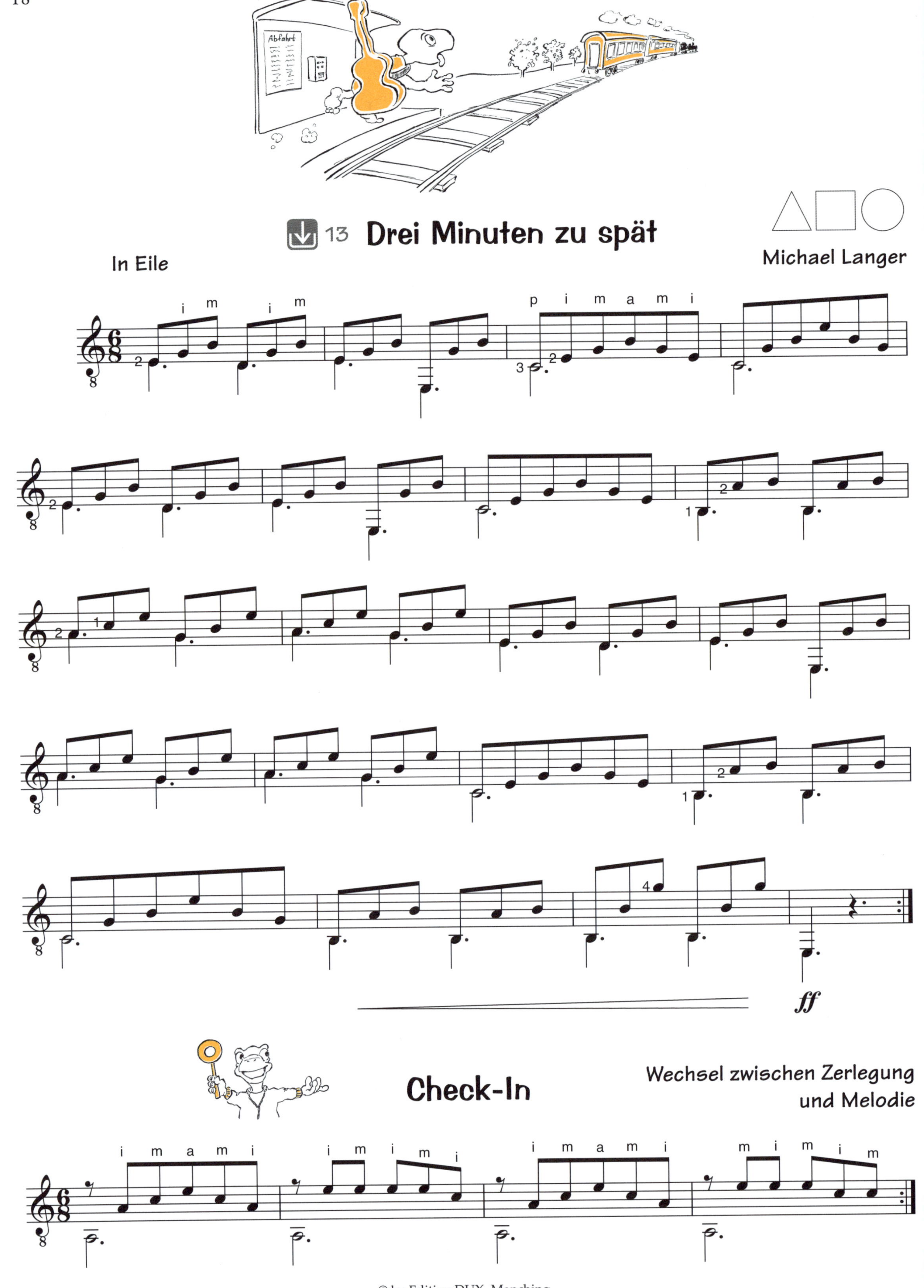
Abfahrt
13 Drei Minuten zu spät
In Eile
Michael Langer
ff
Check-In
Wechsel zwischen Zerlegung
und Melodie

14 Allein zu Hause

Michael Langer

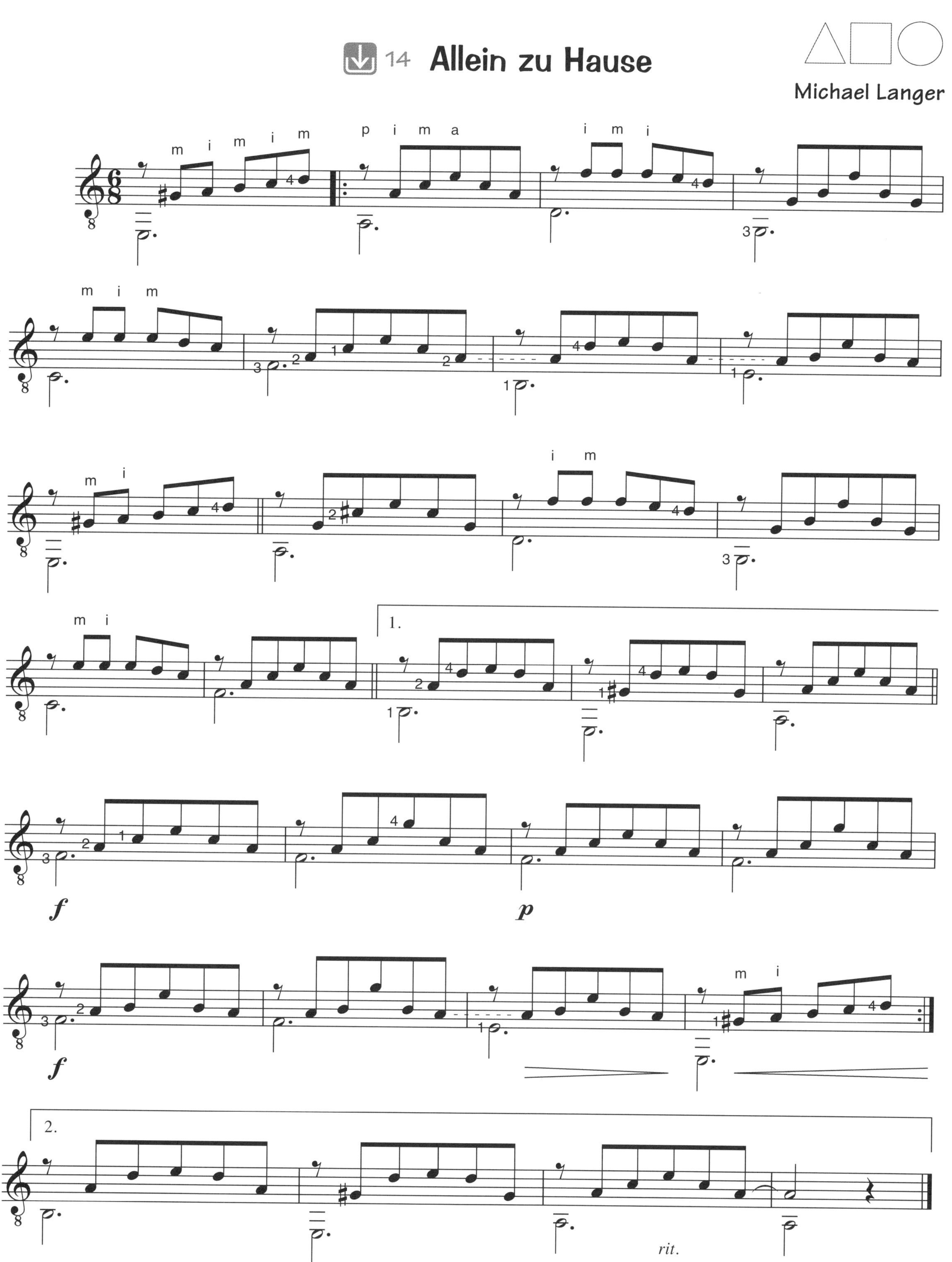

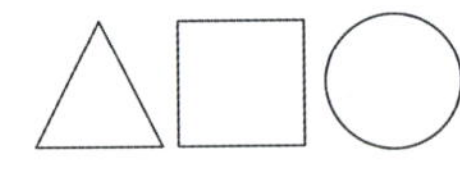

15 Walzer in C-Dur

Ferdinando Carulli

Allegro

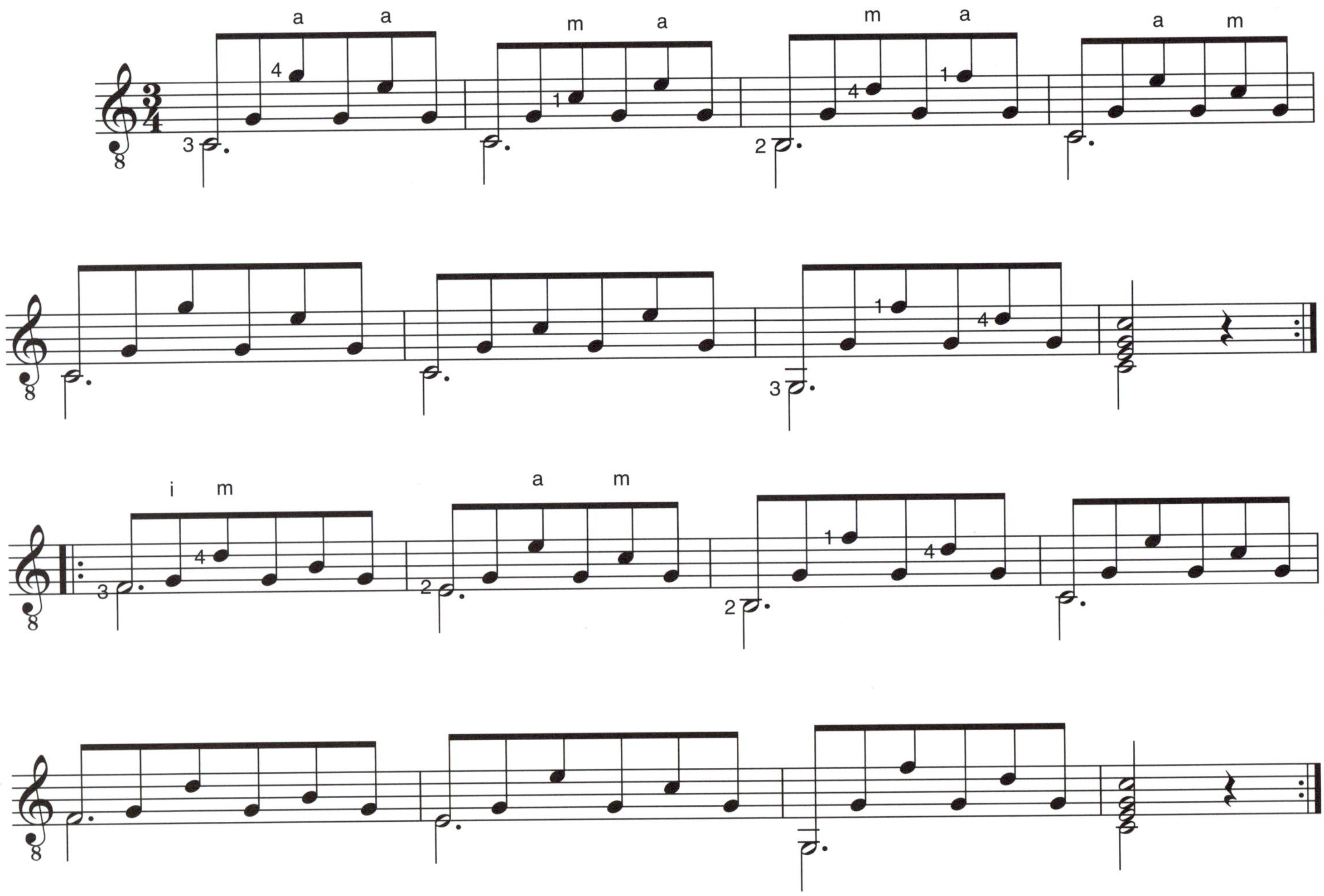

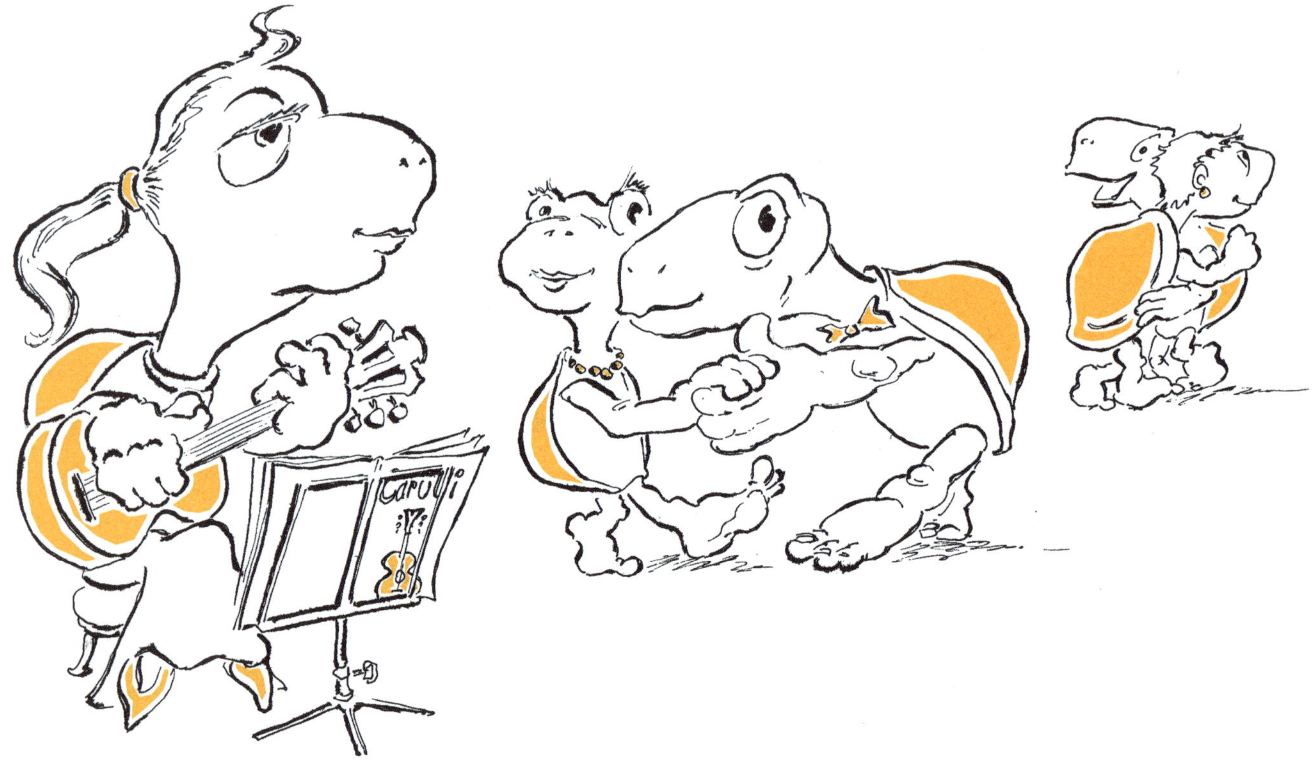

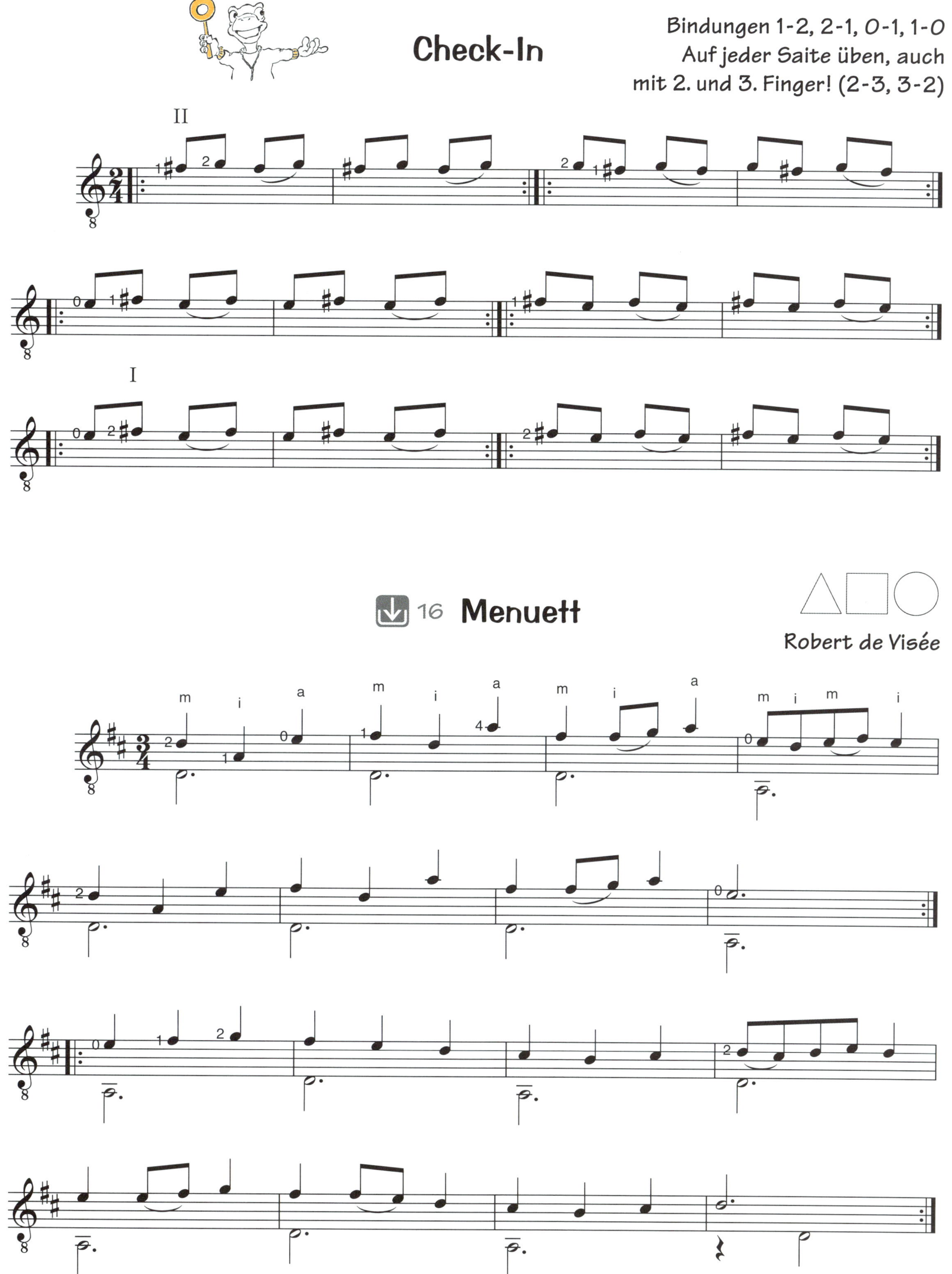
Check-In
Bindungen 1-2, 2-1, 0-1, 1-0
Auf jeder Saite üben, auch
mit 2. und 3. Finger! (2-3, 3-2)
II
I
16 Menuett
Robert de Visée
m i a m i a m i a m i m i

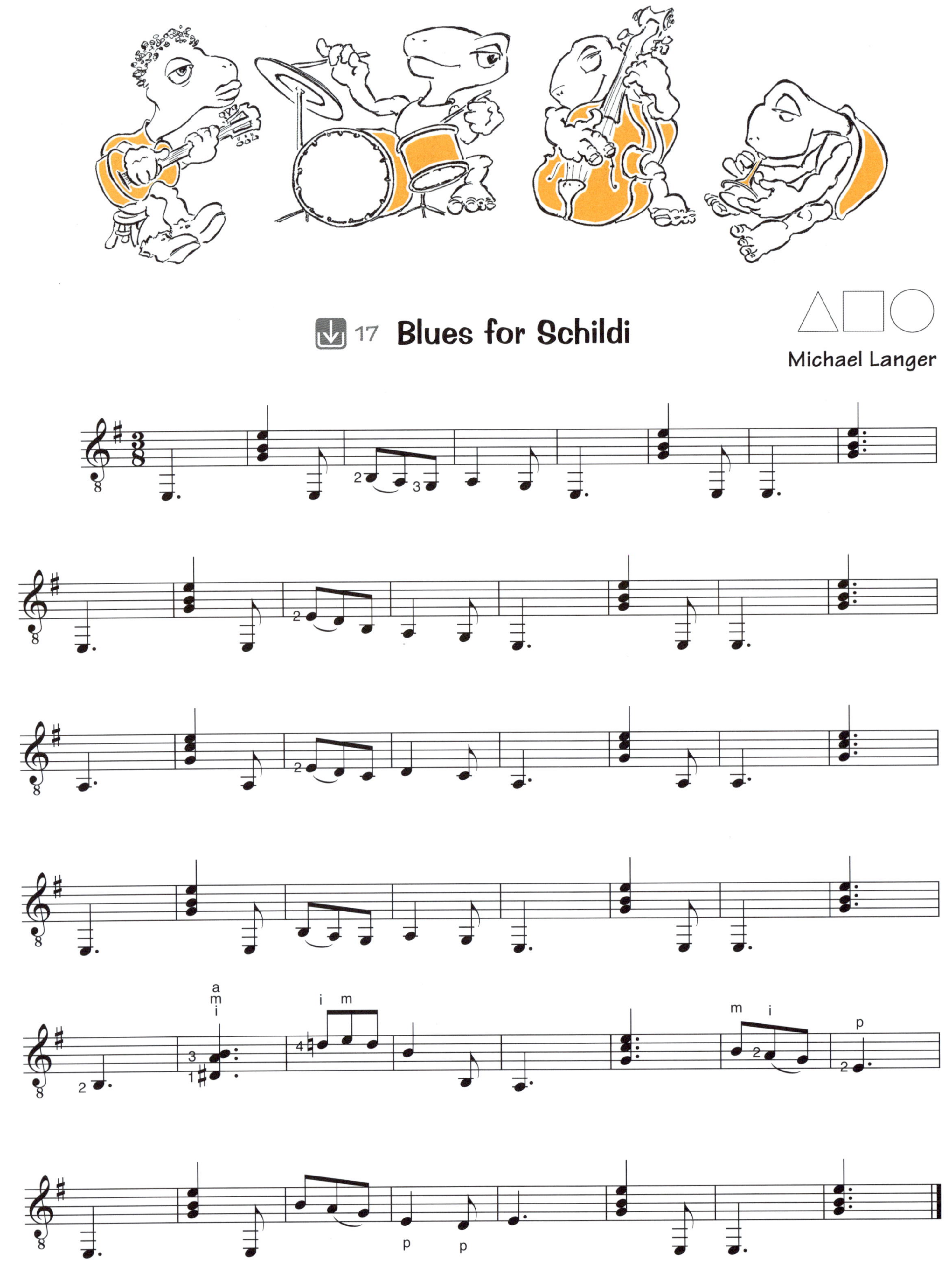
17 Blues for Schildi
Michael Langer
a
m
i
i m
m i
p
p p

Teil 2

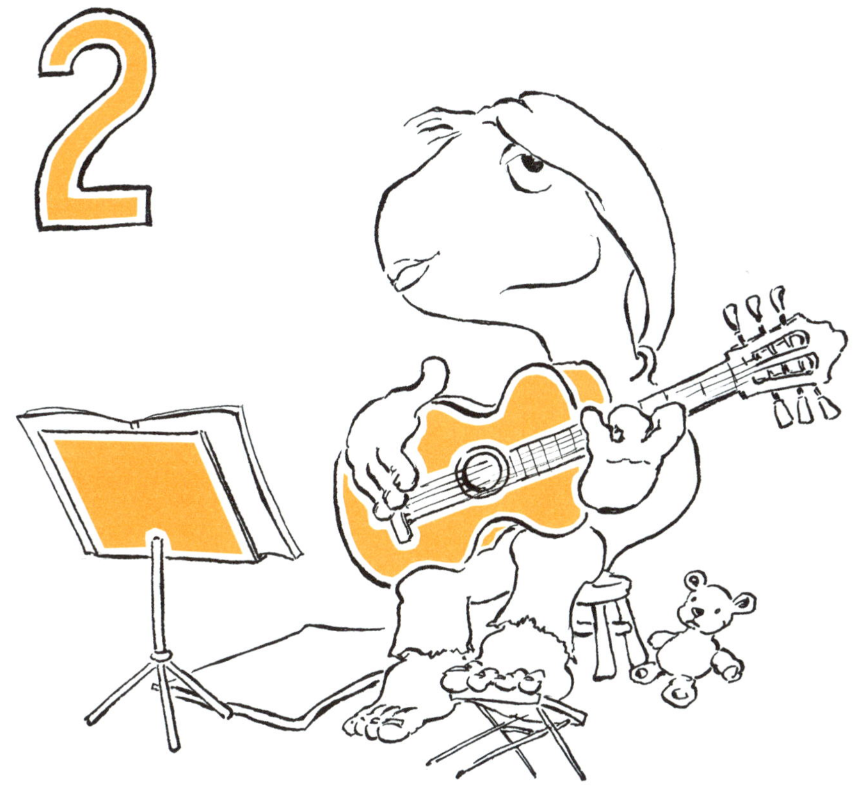

Die Spielstücke im 2. Teil bleiben didaktisch gereiht.
Die unten angeführten spieltechnischen Themen werden zunehmend in den ausgewählten Beispielen gegenübergestellt.

Teil 2 bringt folgende Themen:

- zweistimmiges Spiel
- Melodie im Bass mit zweistimmiger Akkordbegleitung
- dreistimmige Zerlegung – Melodie im Bass oder in der Oberstimme
- Melodie im Bass mit dreistimmiger Akkordbegleitung
- Vierstimmige Akkordzerlegungen: Melodie – Begleitung – Bass
- Bindetechnik
- Barrégriffe
- Lagenspiel (V. & VII. Lage)
- Lagenwechsel

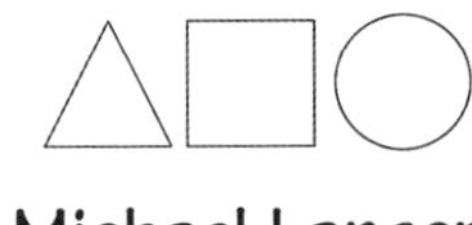

18 Cool Groove

Michael Langer

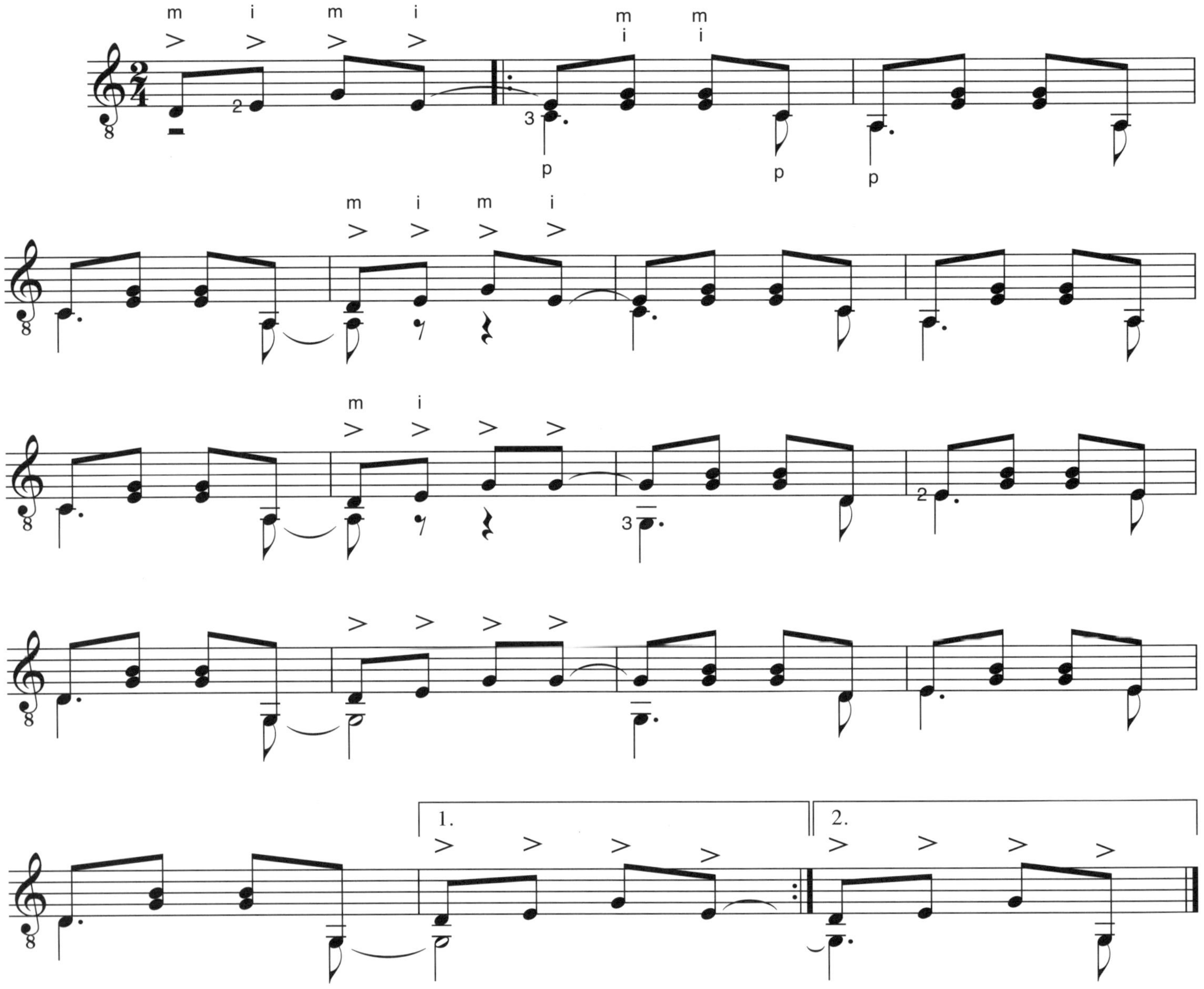

19 Allegro moderato

José Ferrer

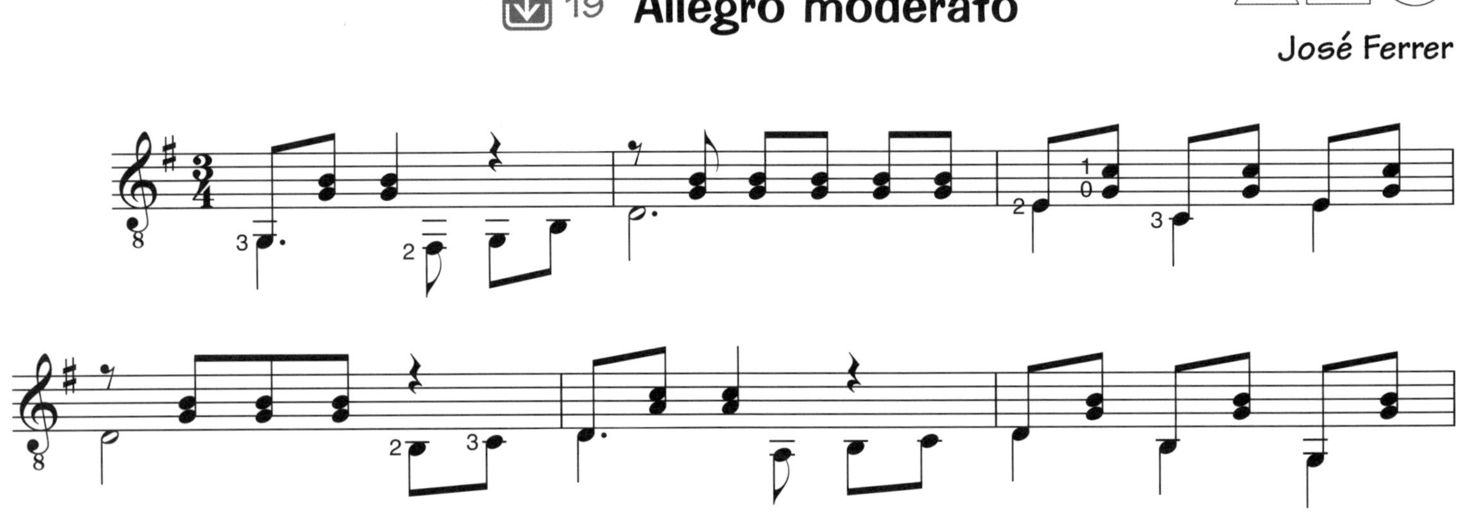

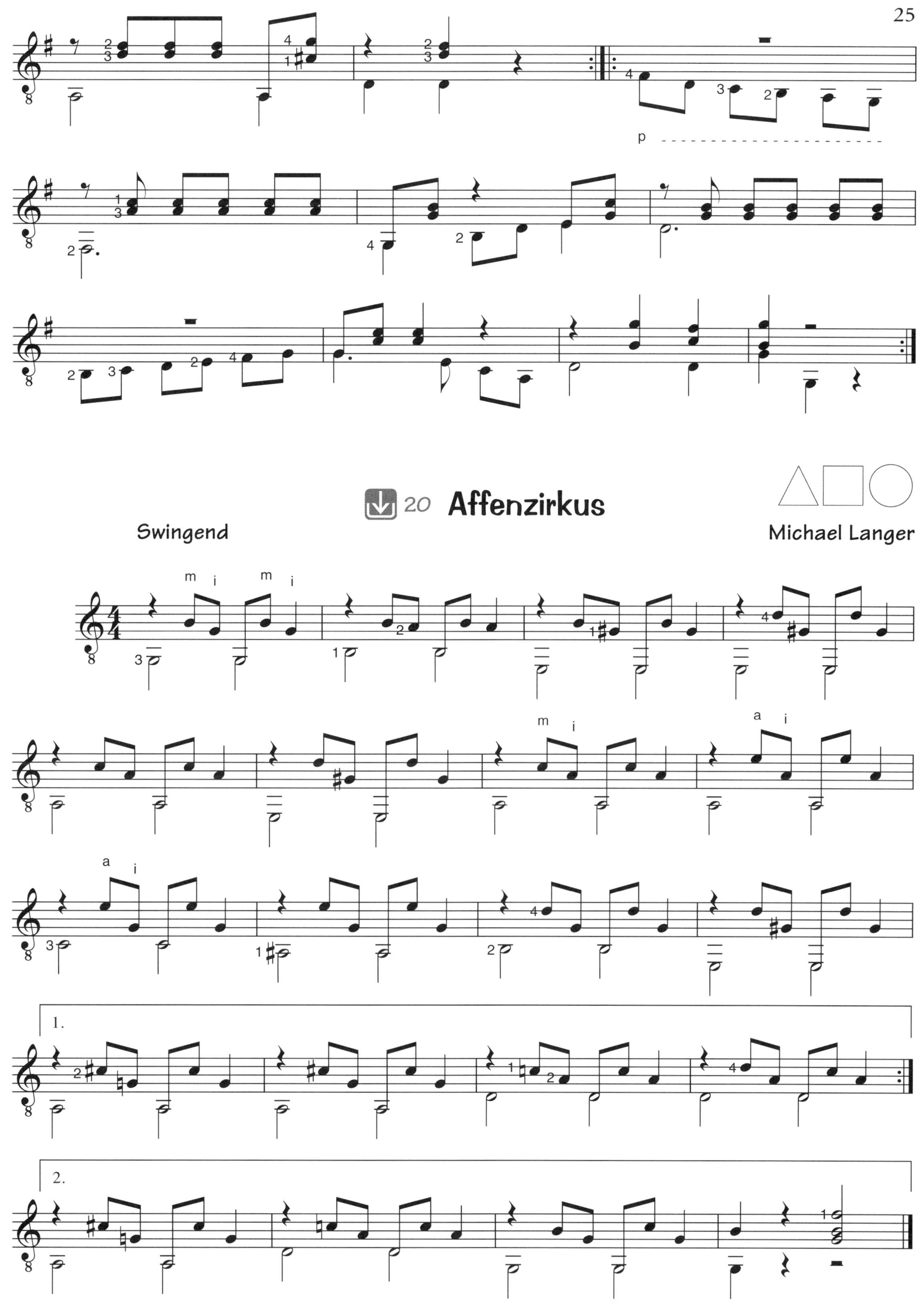

20 Affenzirkus
Swingend
Michael Langer
1.
2.

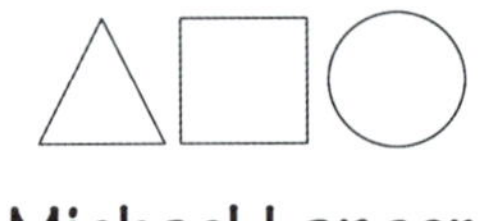

21 Träume vom Fliegen

Michael Langer

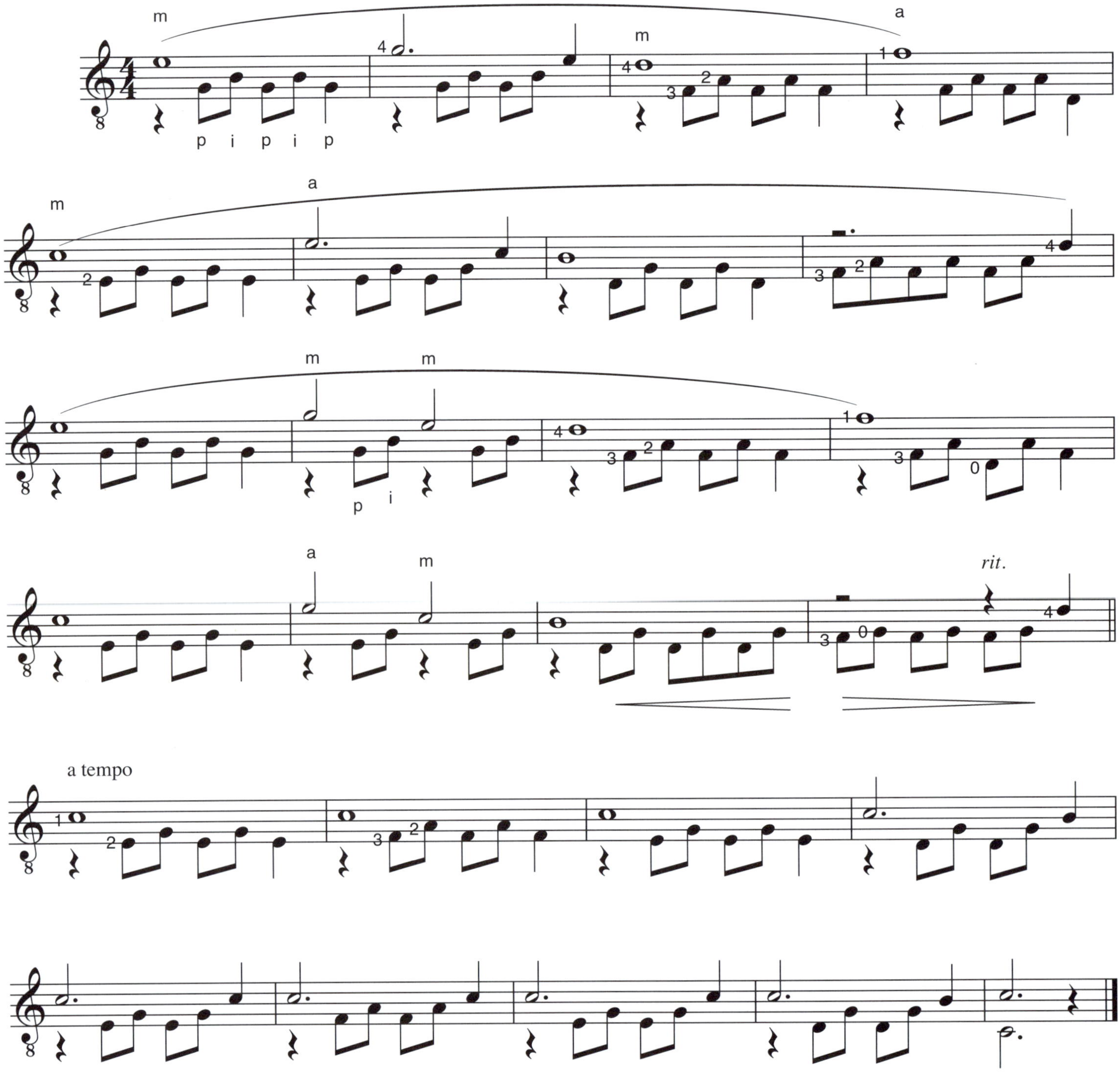

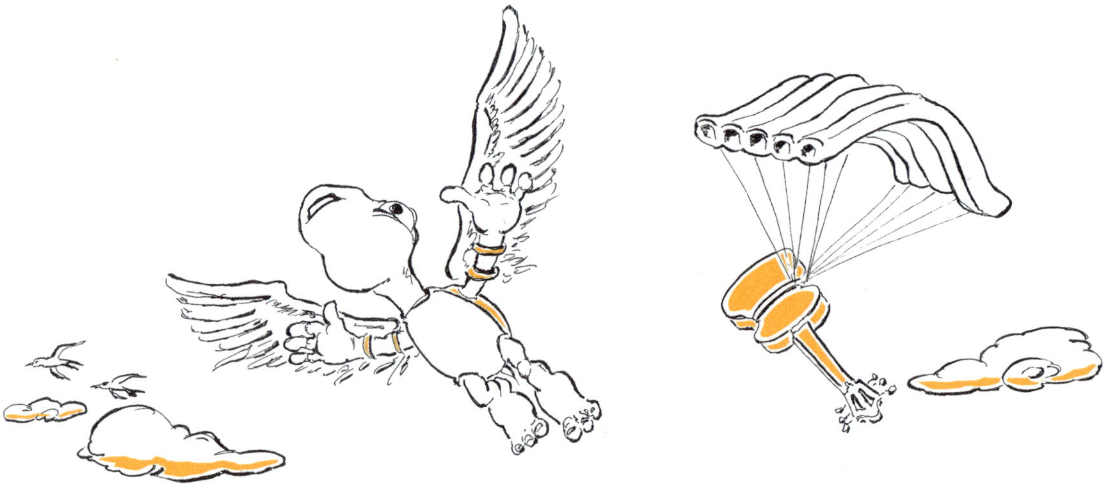

m p i p i p 4 m 4 3 2 a 1

m 2 a 3 2 4

m m p i 4 3 2 1 3 0

a m *rit.* 3 0 4

a tempo 1 2 3 2

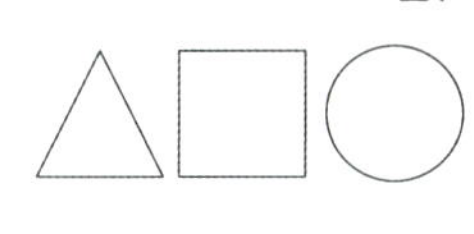

22 Zu ebener Erd' und im ersten Stock

Michael Langer

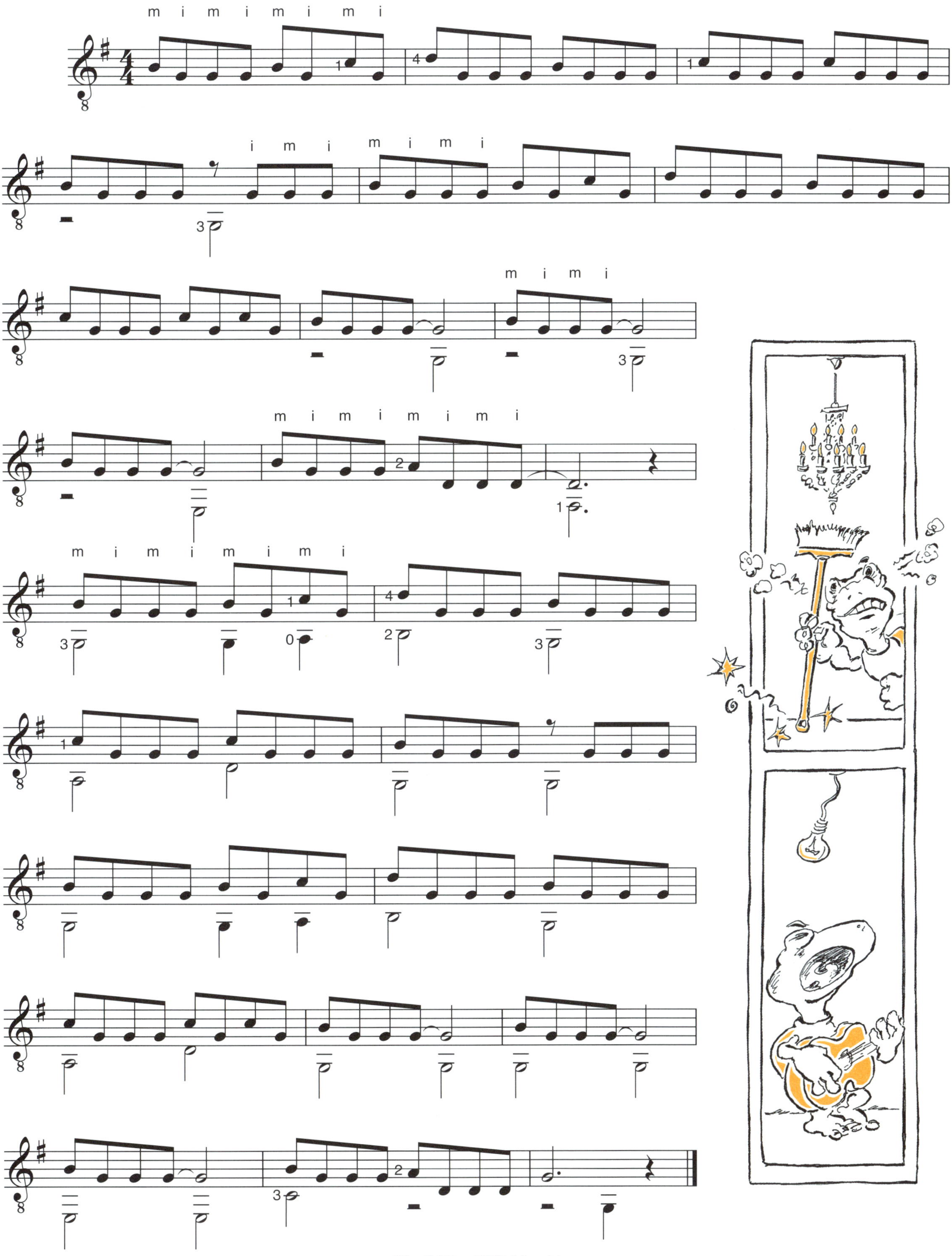

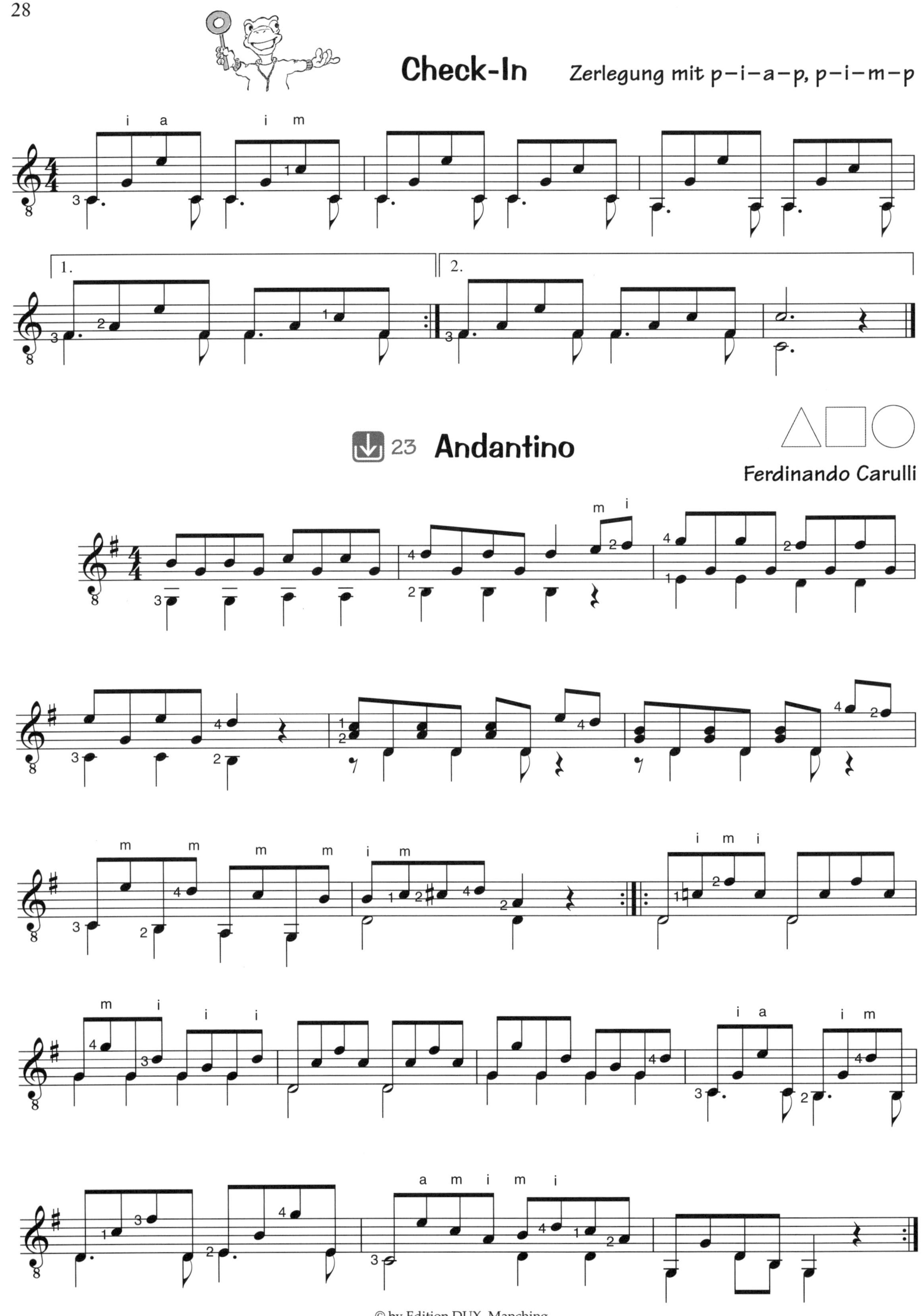
Check-In
Zerlegung mit p–i–a–p, p–i–m–p
23
Andantino
Ferdinando Carulli

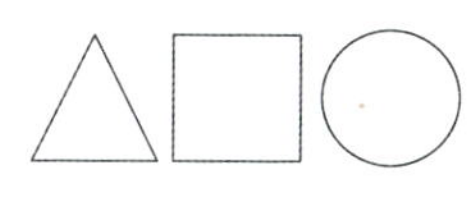

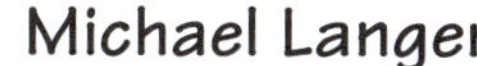

24 Das Gras in unserem Garten

Michael Langer

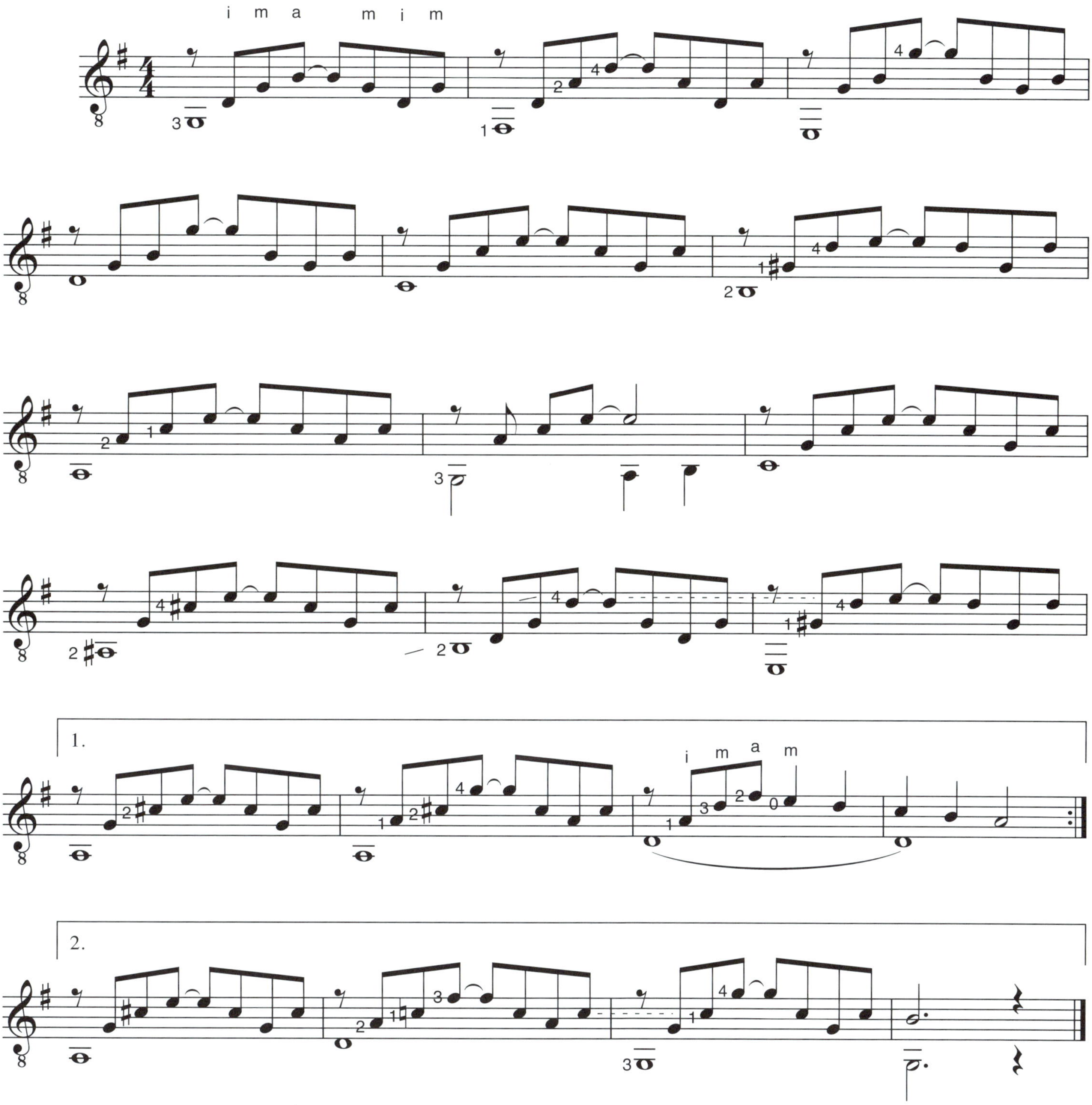

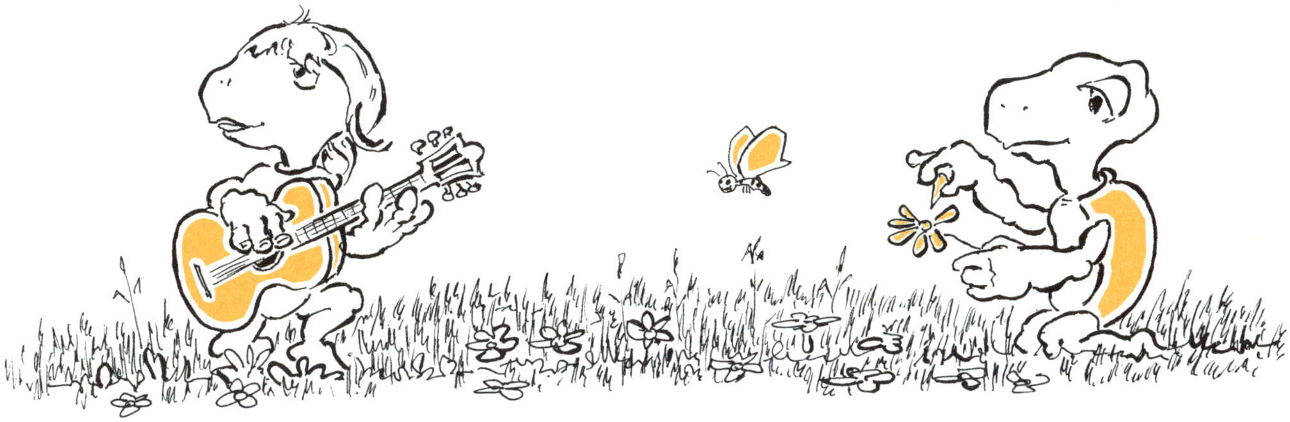

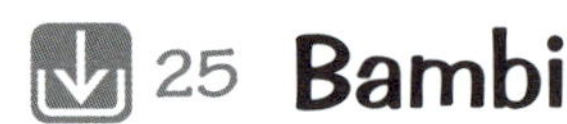

25 Bambi

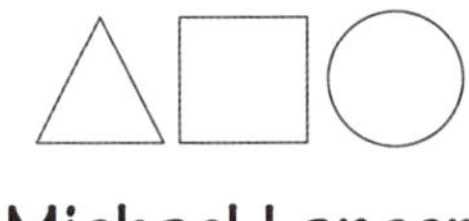

Michael Langer

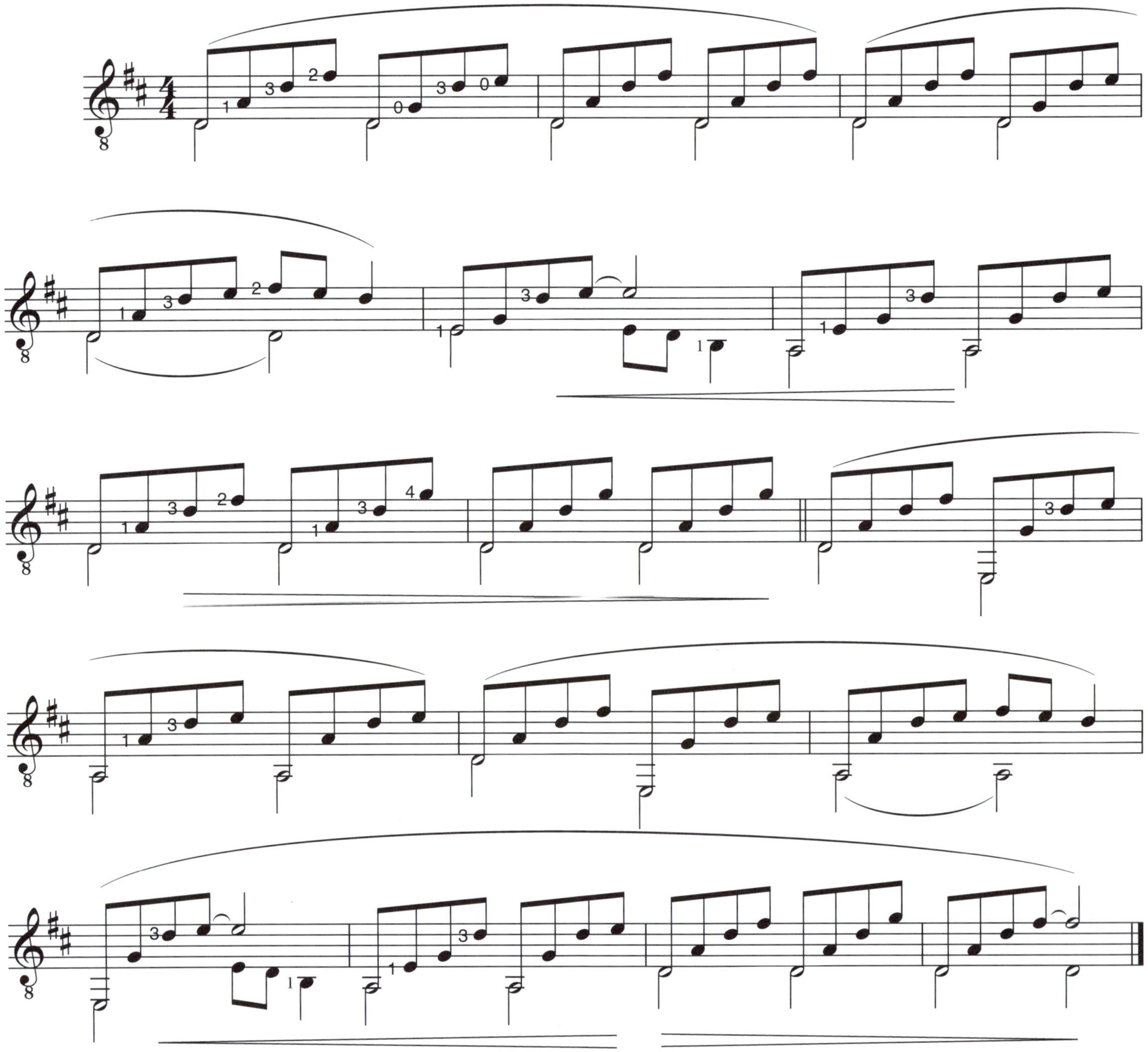

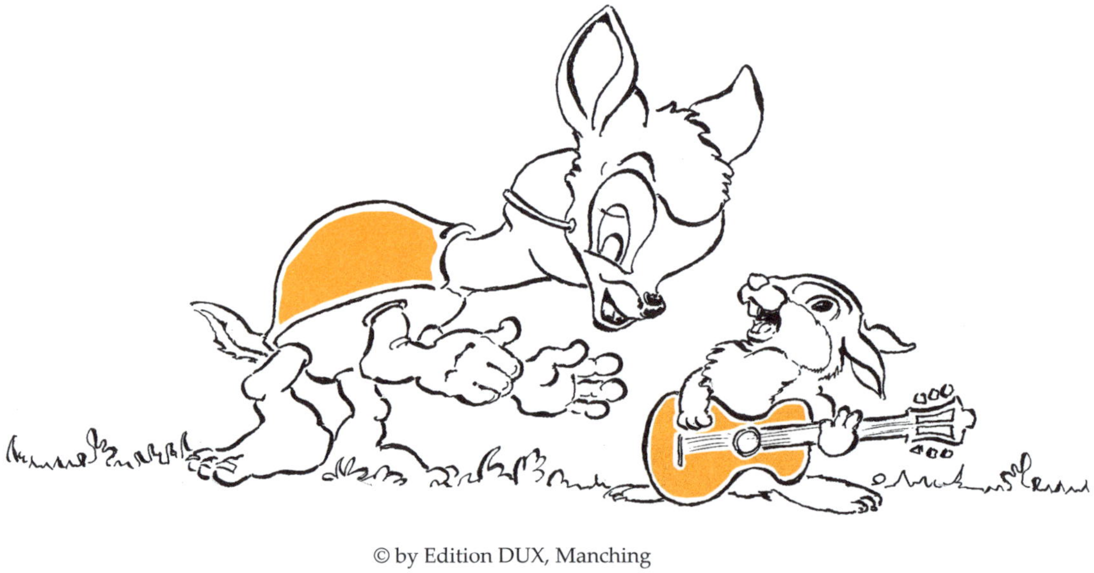

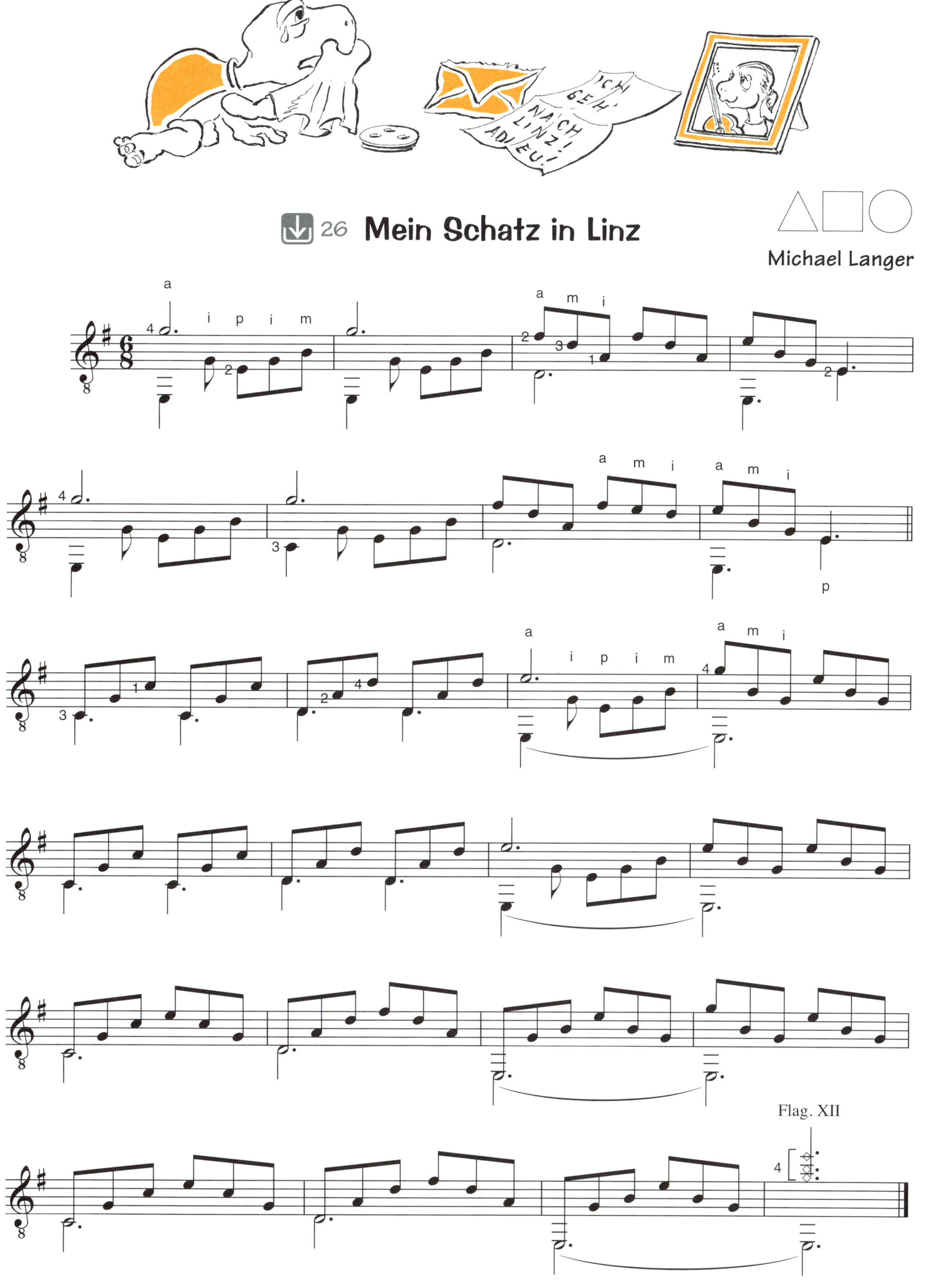
ICH GEH' NACH LINZ! ADIEU!
26 Mein Schatz in Linz
Michael Langer
Flag. XII

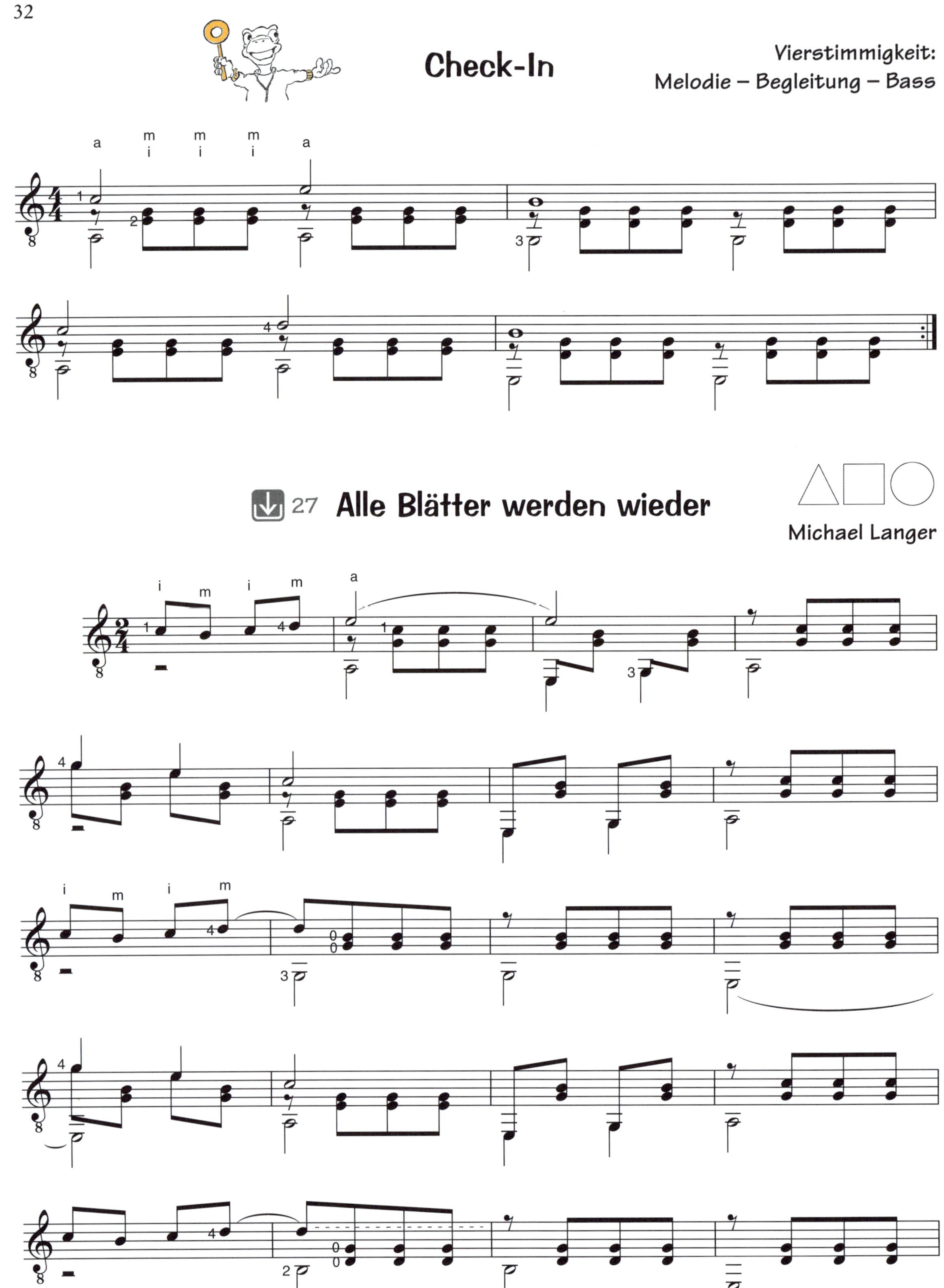
Check-In
Vierstimmigkeit:
Melodie – Begleitung – Bass
27 Alle Blätter werden wieder
Michael Langer

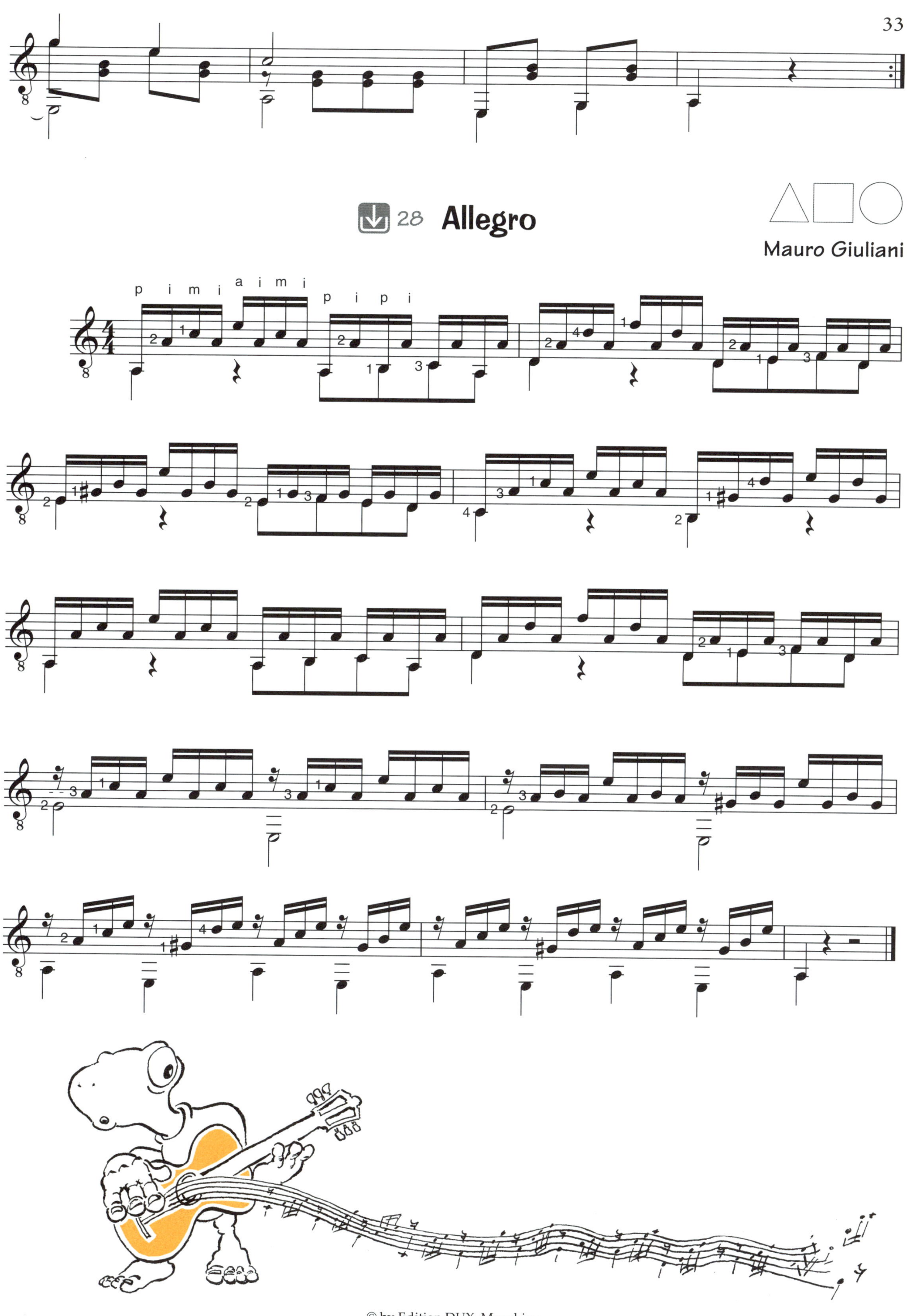
28 Allegro
Mauro Giuliani
p i m i a i m i p i p i

Check-In

Bindungen – sowohl mit dem 1. Finger, als auch mit dem 2. Finger zu spielen.

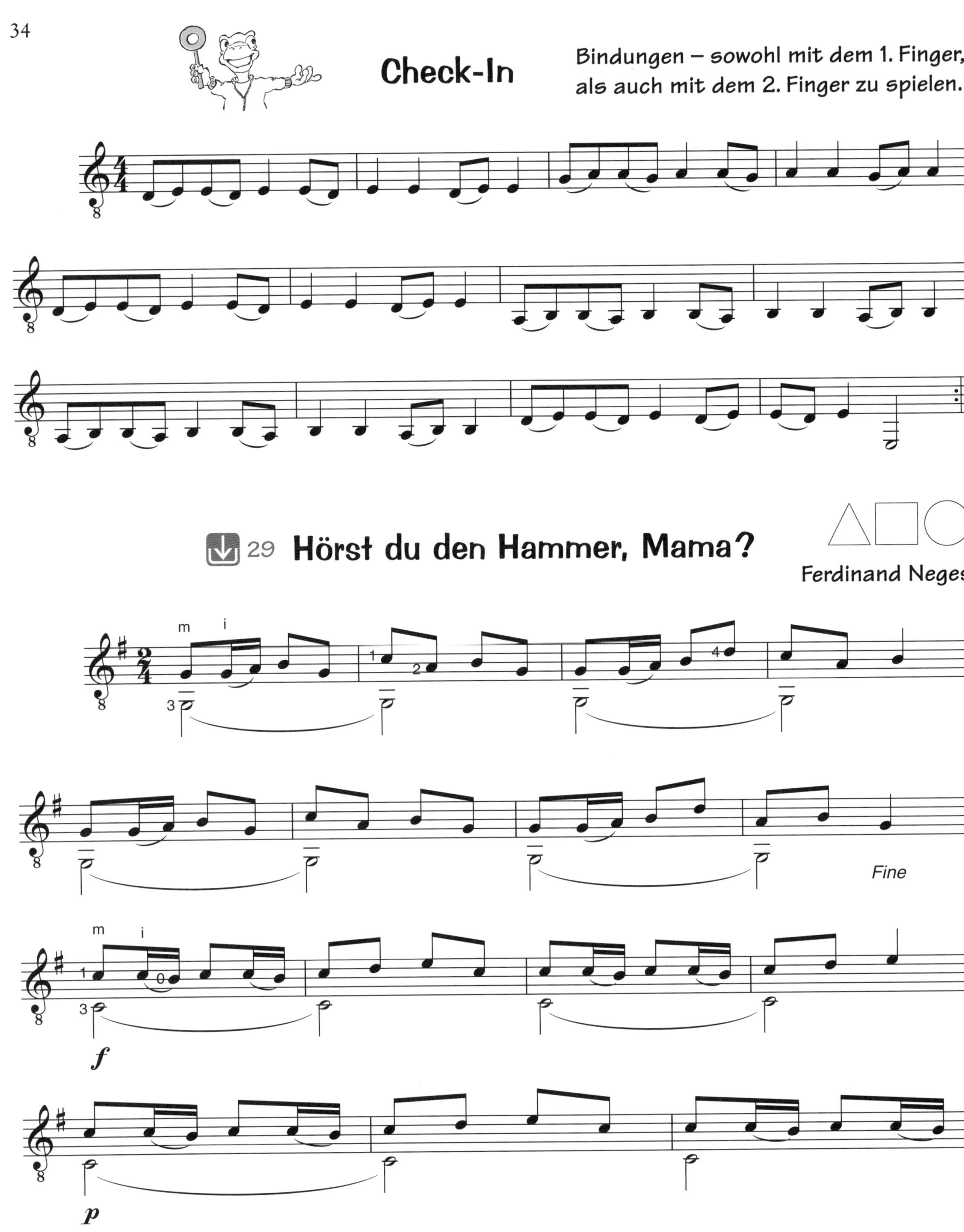

29 Hörst du den Hammer, Mama?

Ferdinand Neges

rit. D.C. al Fine

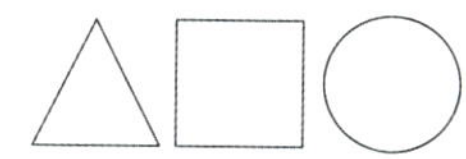

30 Poco Allegretto

Ferdinando Carulli

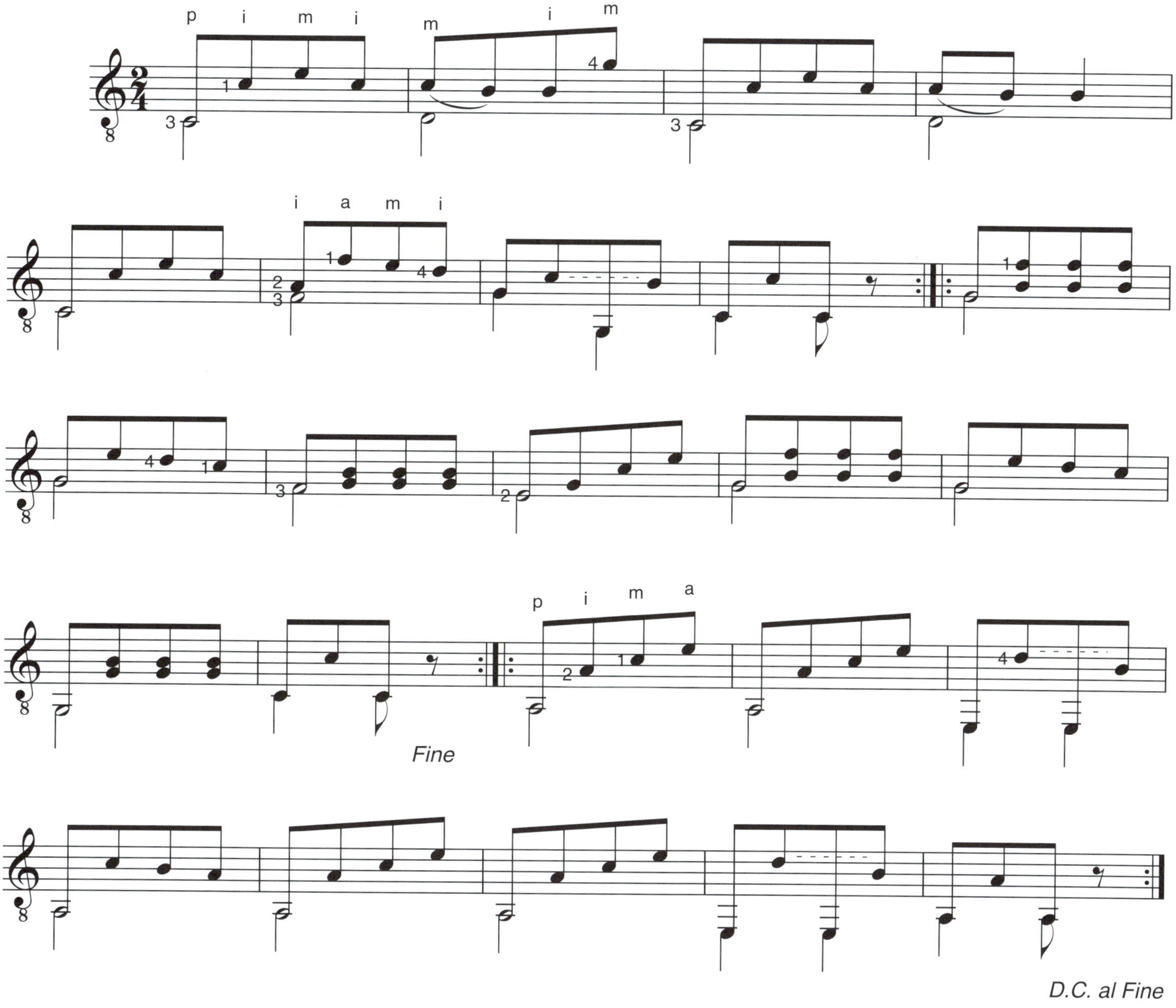

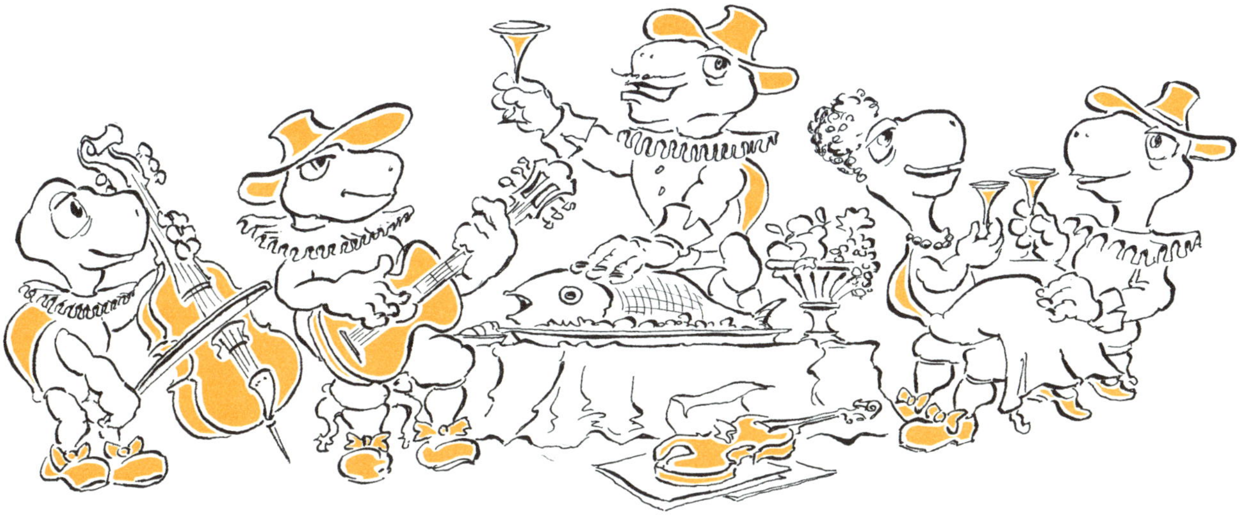

Fine

D.C. al Fine

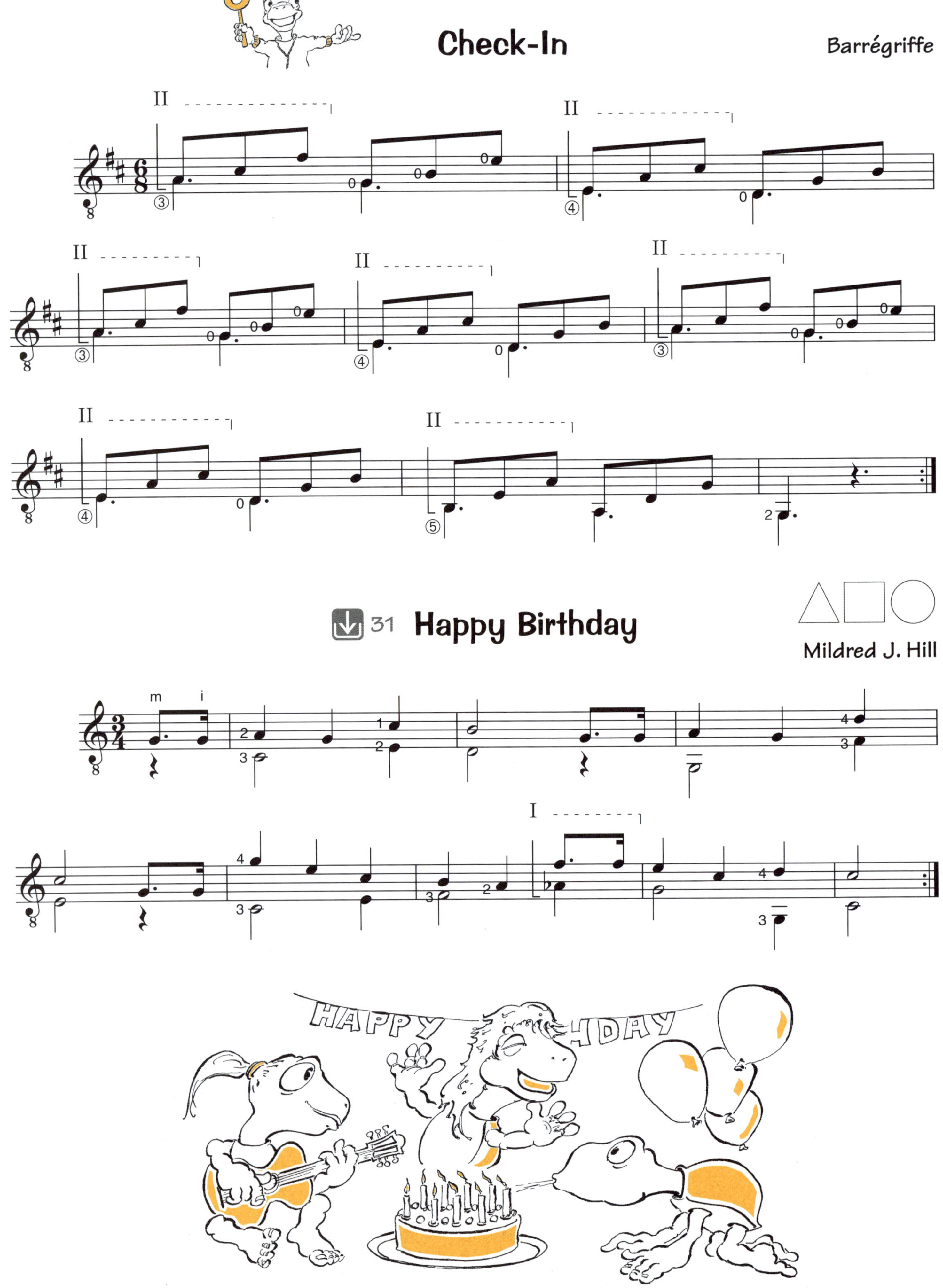
Check-In
Barrégriffe
31
Happy Birthday
Mildred J. Hill
HAPPY
HDAY

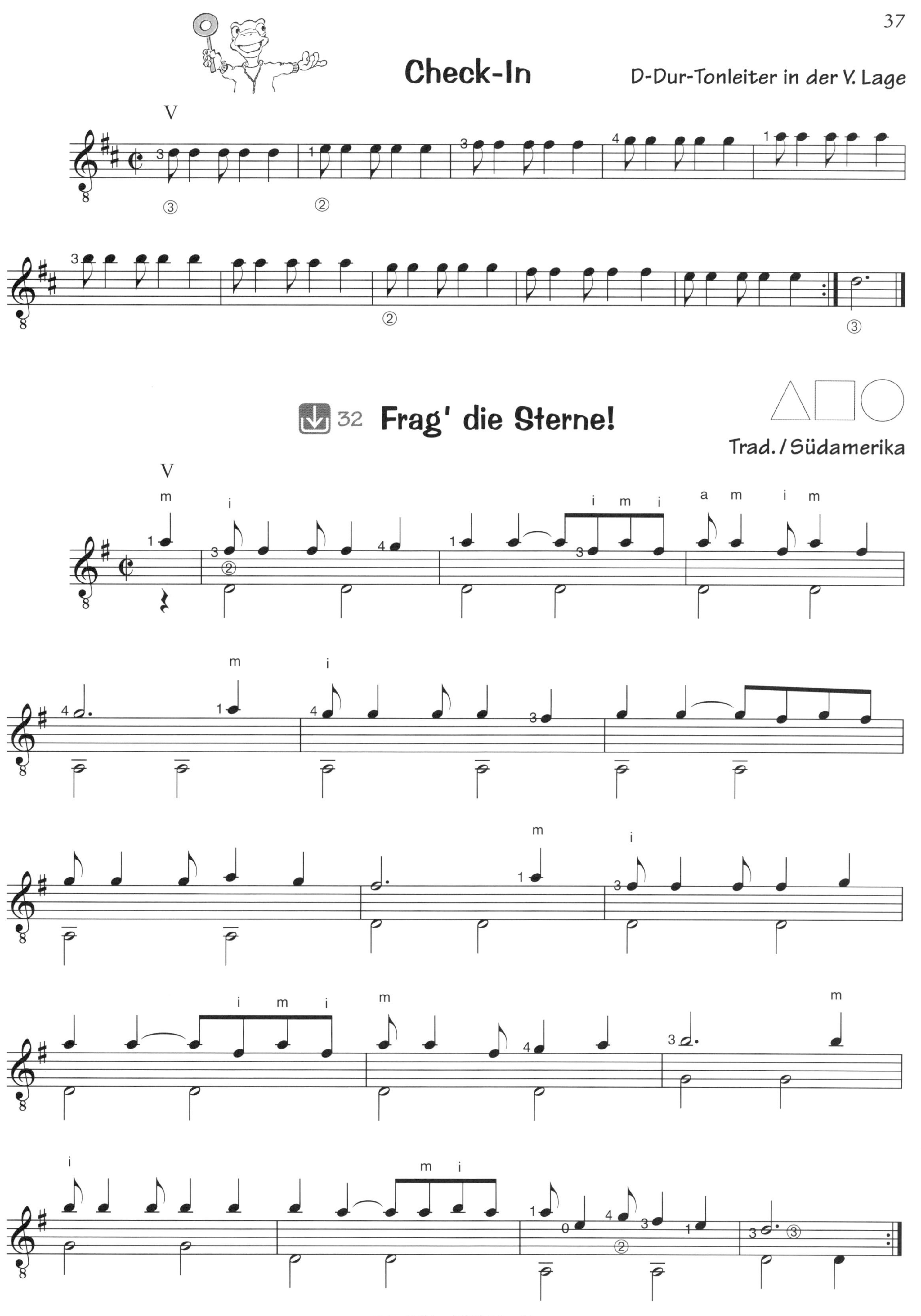
Check-In
D-Dur-Tonleiter in der V. Lage
32 Frag' die Sterne!
Trad. / Südamerika

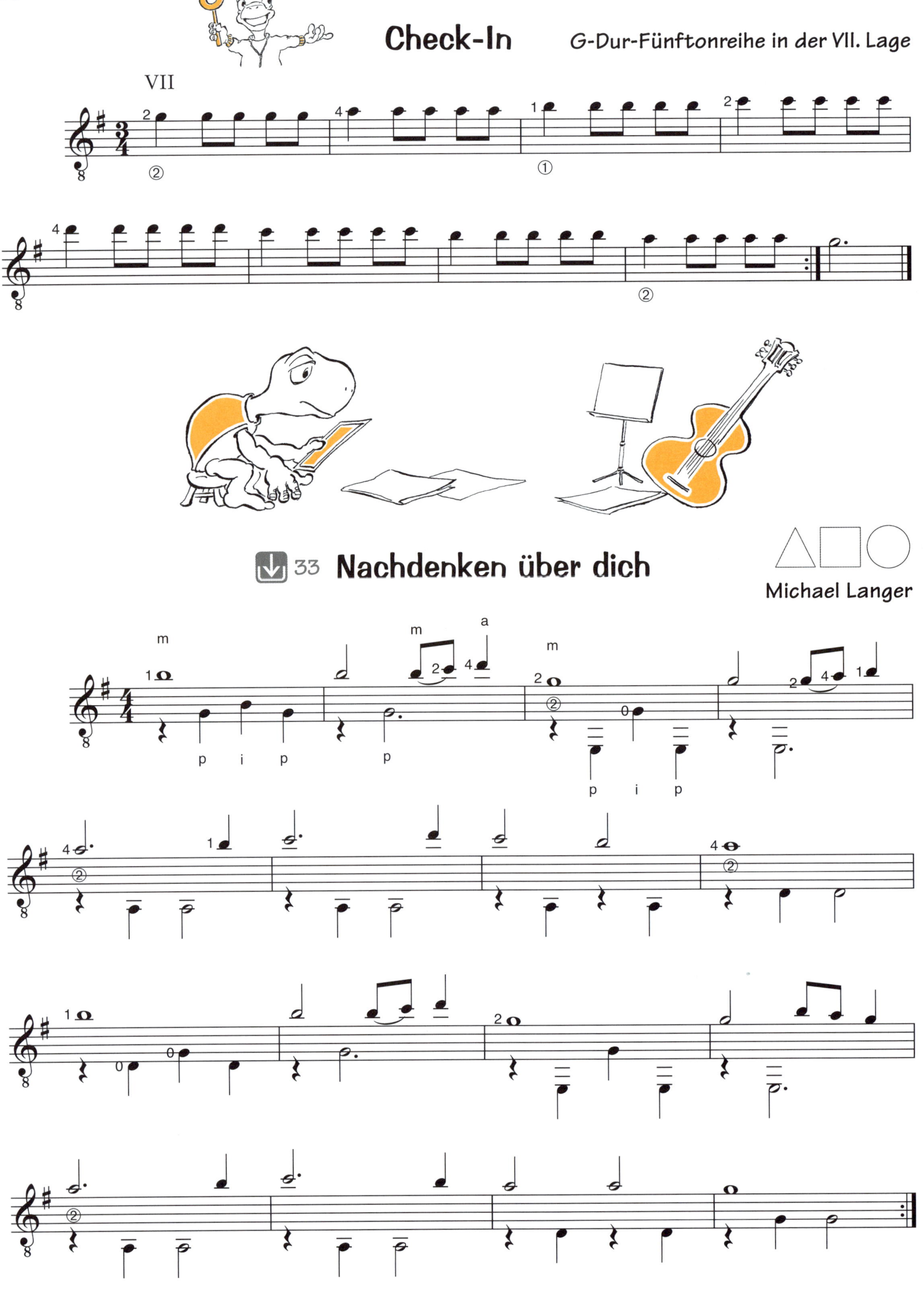
Check-In
G-Dur-Fünftonreihe in der VII. Lage
VII
33 Nachdenken über dich
Michael Langer

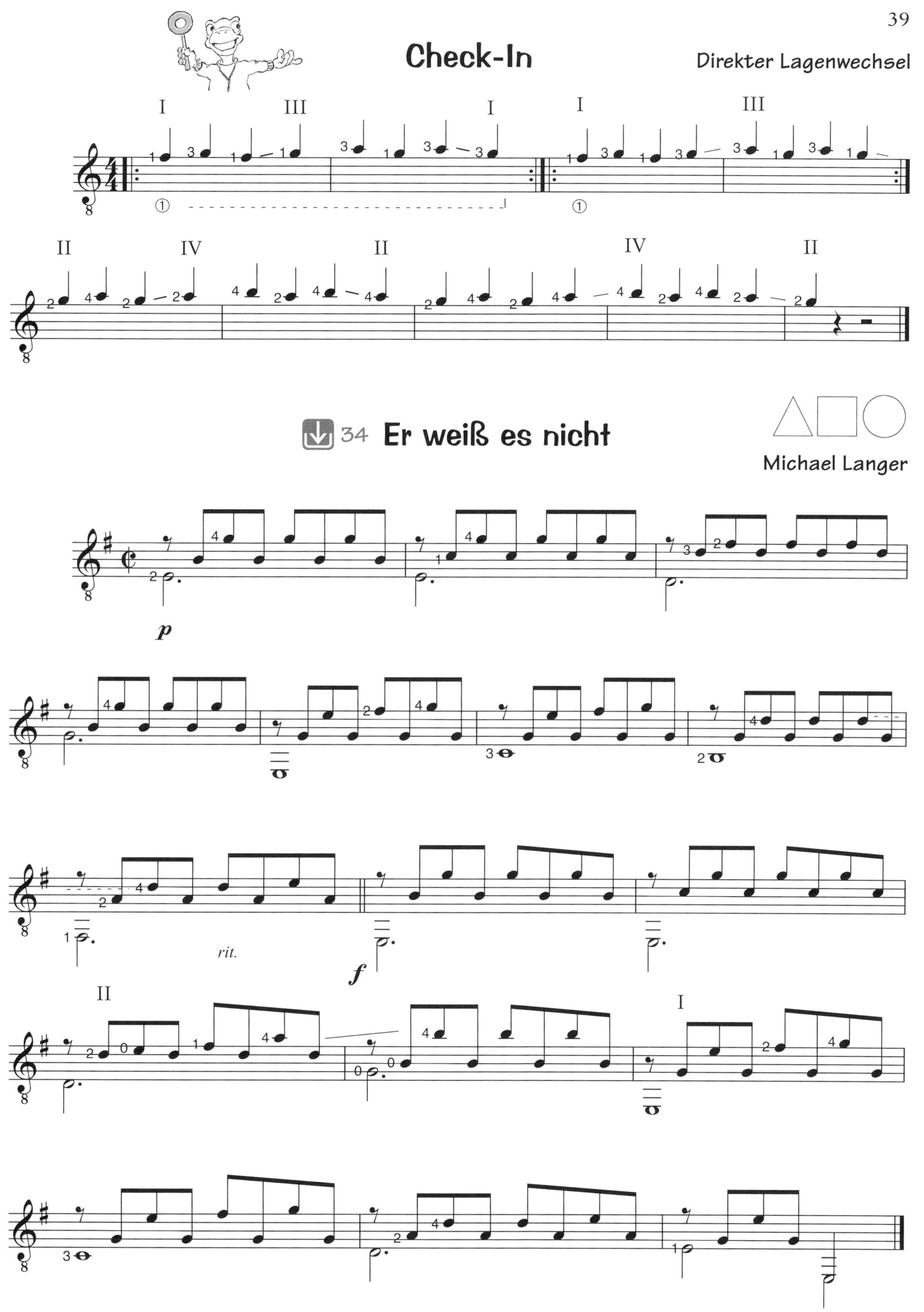
Check-In
Direkter Lagenwechsel
34 Er weiß es nicht
Michael Langer
p
rit.
f

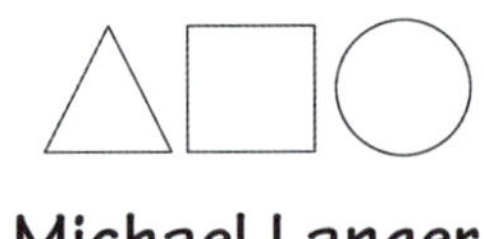

35 Lieber Astronaut

Michael Langer

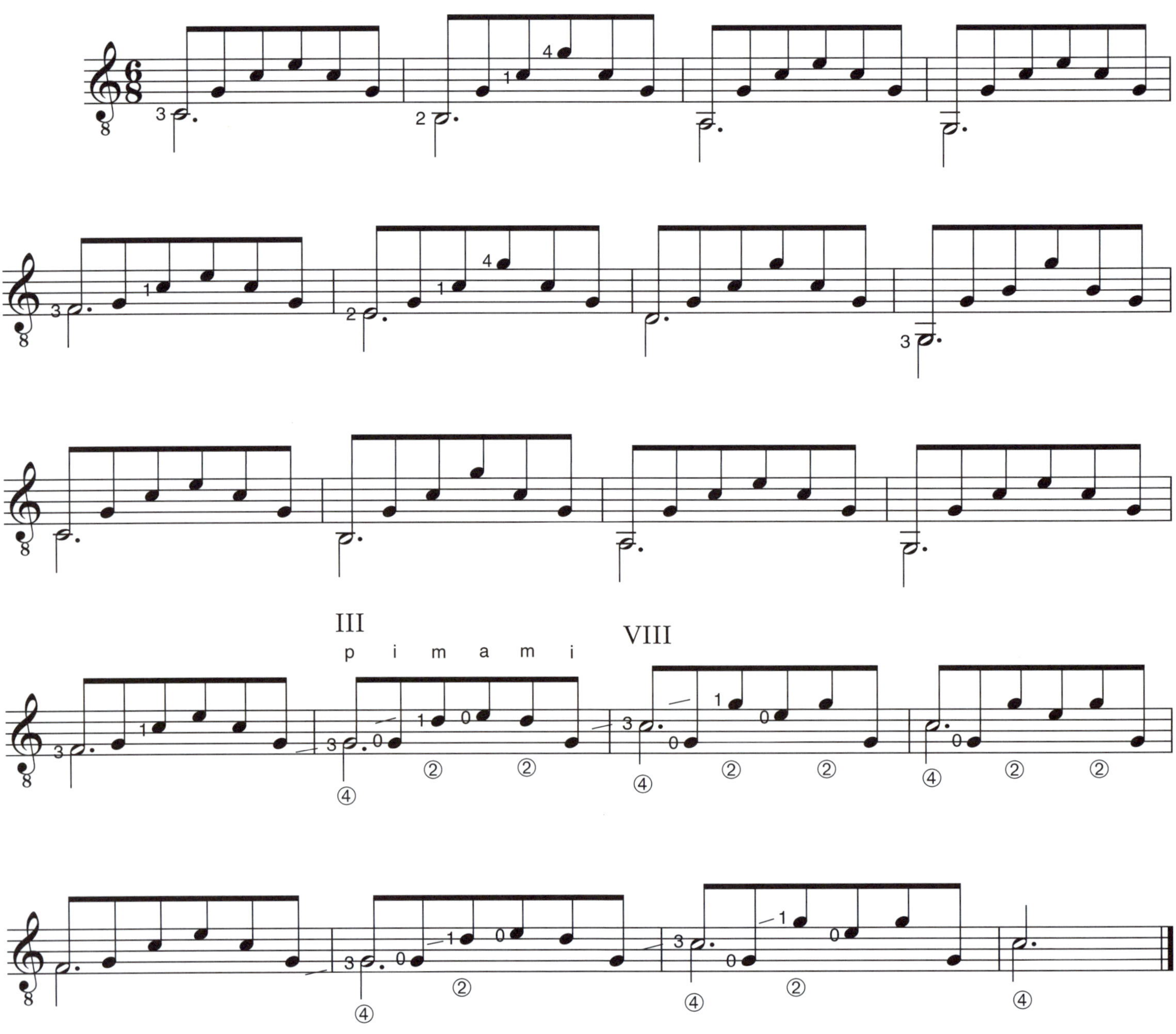

III

p i m a m i

VIII

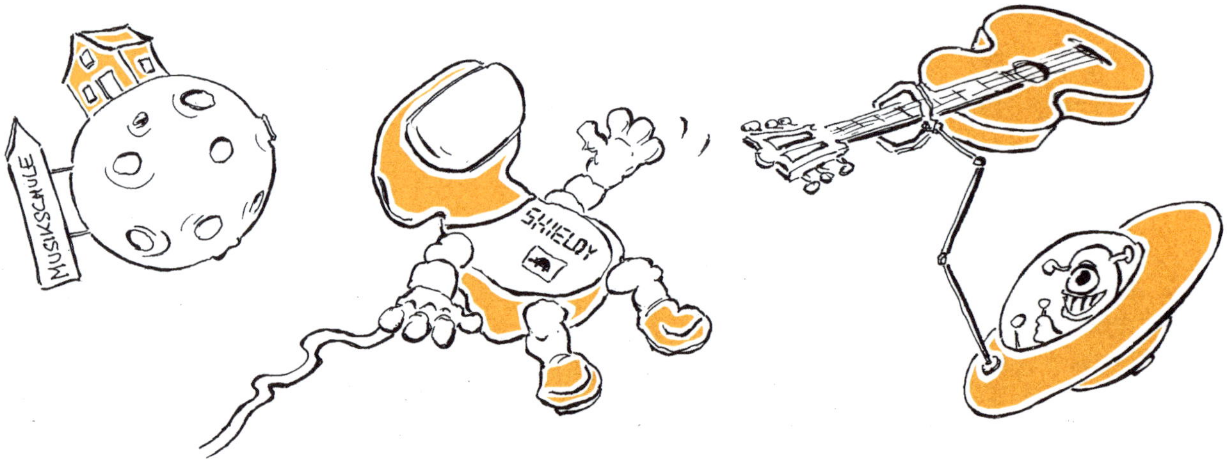

Teil 3

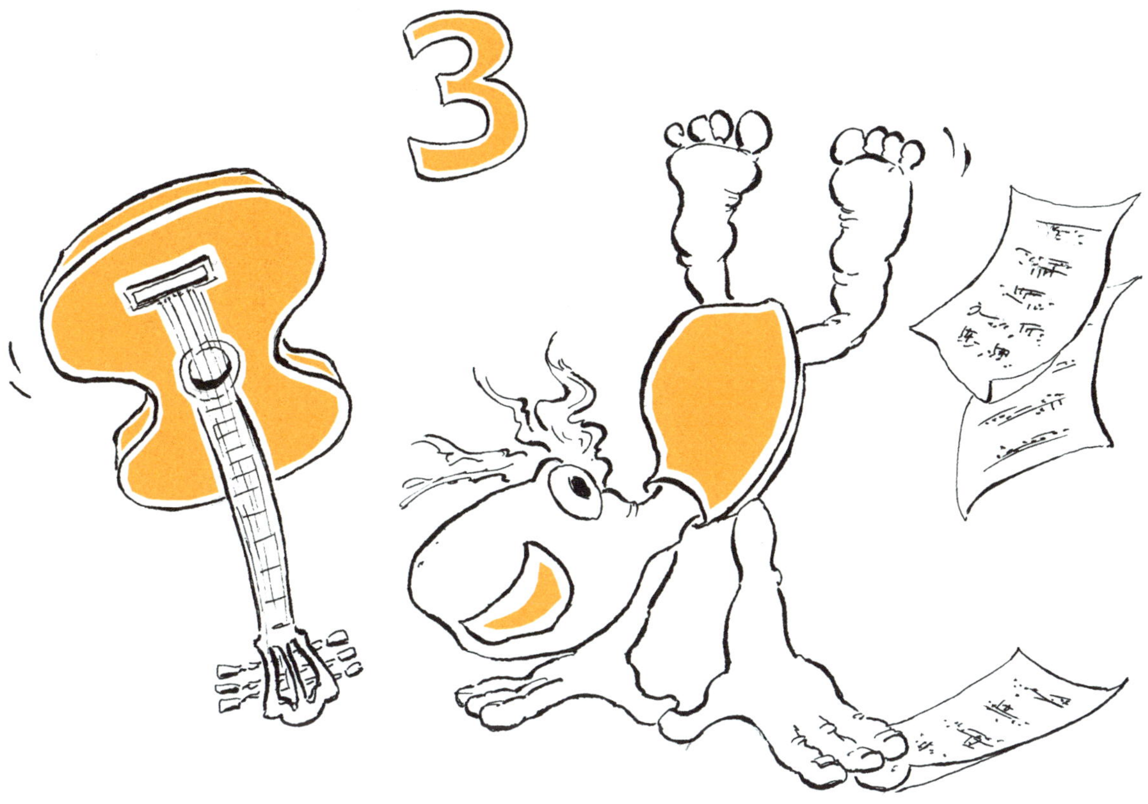

Die Spielstücke in Teil 3 bleiben bei leicht gesteigerten musikalischen Anforderungen didaktisch gereiht. Besonders bei den drei- bzw. vierstimmigen Akkordzerlegungen gibt es viele Varianten zu entdecken, deren Muster aber noch leicht nachvollziehbar bleibt.

Teil 3 bringt folgende Themen:

- zweistimmiges Spiel
- drei- bzw. vierstimmige Akkordzerlegungen: Melodie – Begleitung – Bass
- Bindetechnik
- Barrégriffe
- Lagenwechsel
- Lagenspiel

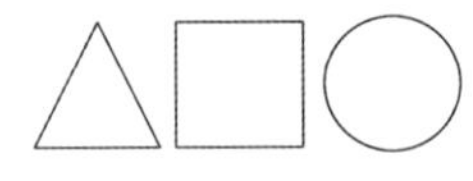

36 Andante op.35 Nr.1

Fernando Sor

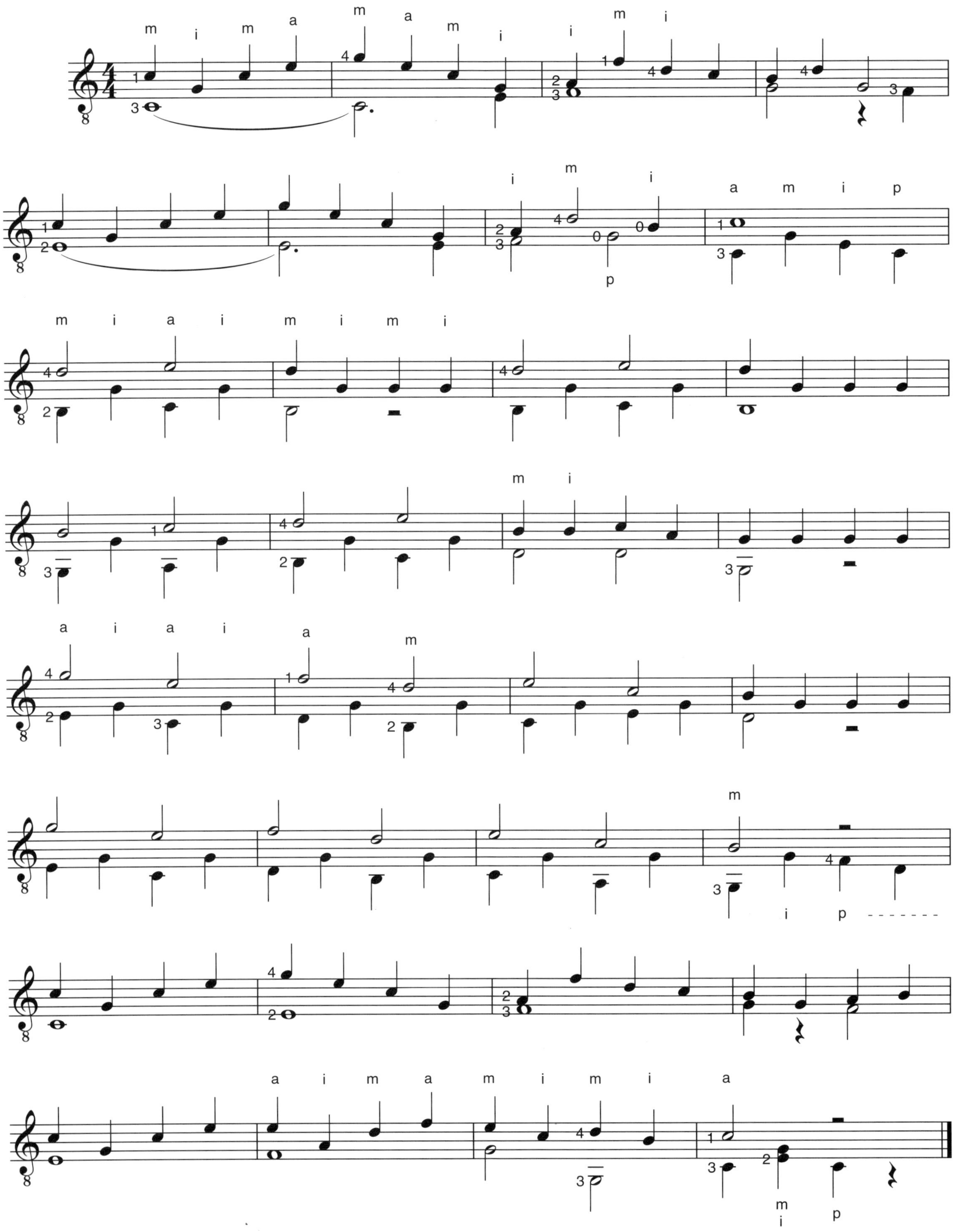

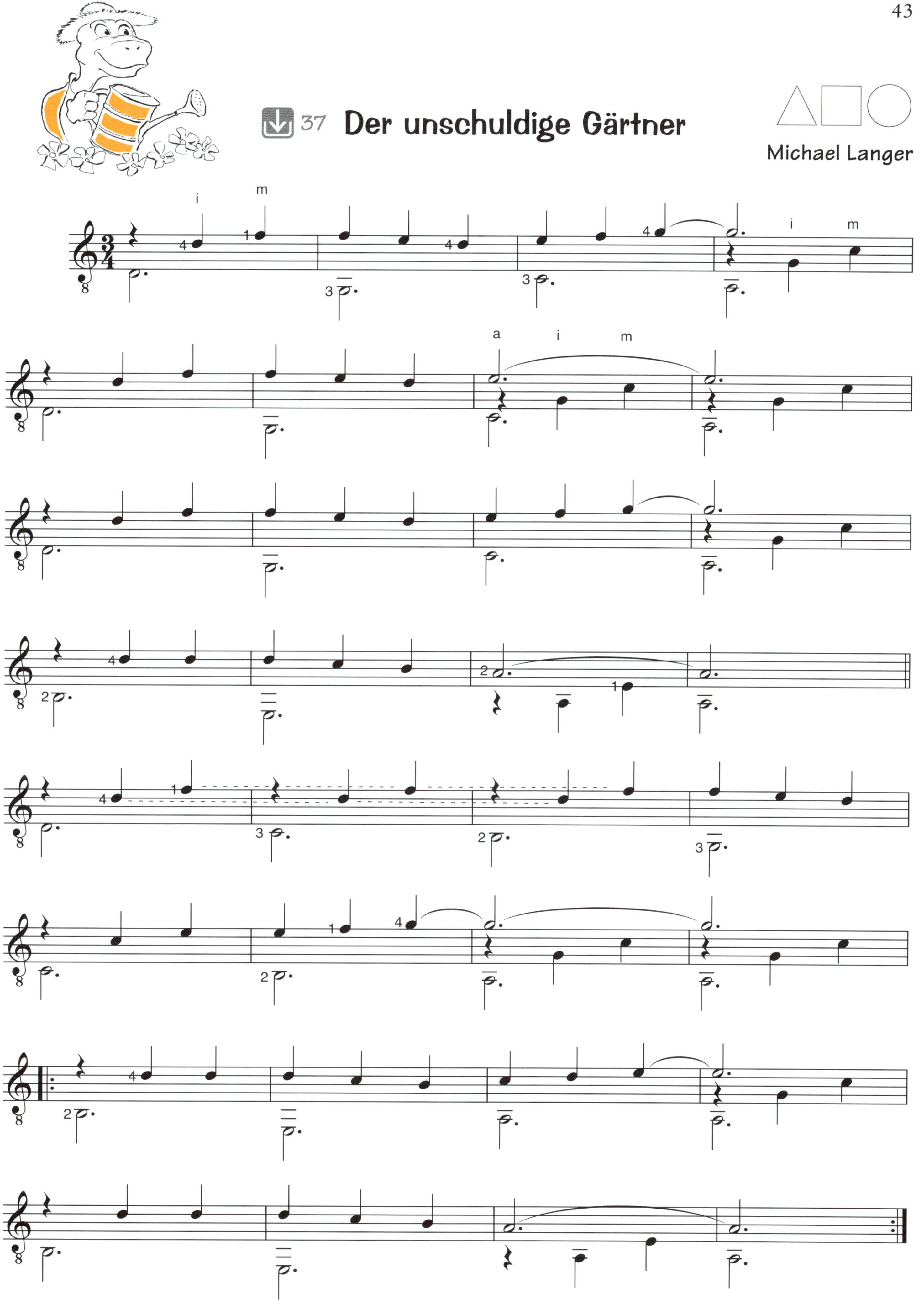
37
Der unschuldige Gärtner
Michael Langer

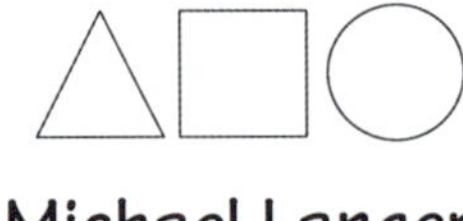

38 Der zahnlose Tiger

Michael Langer

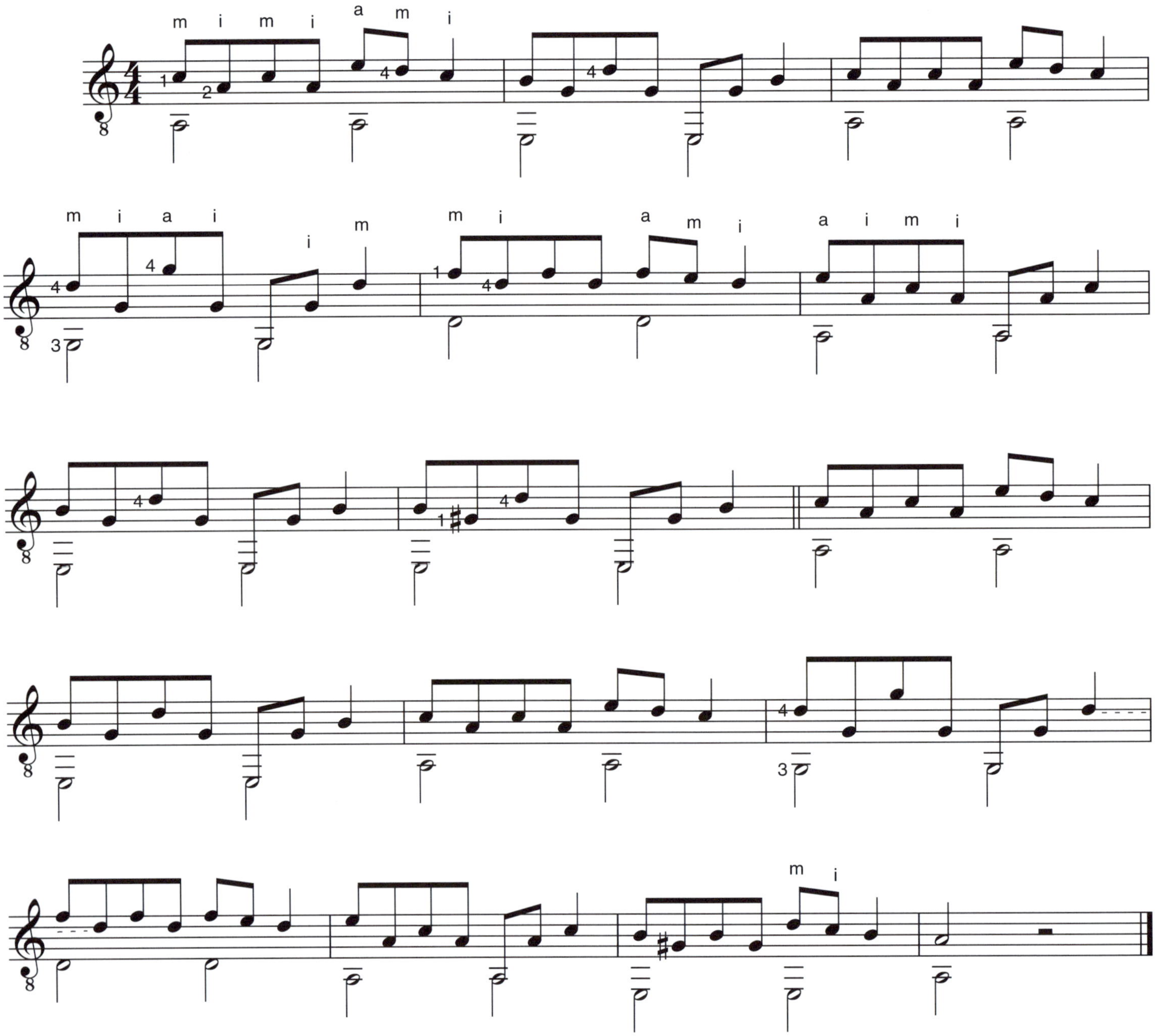

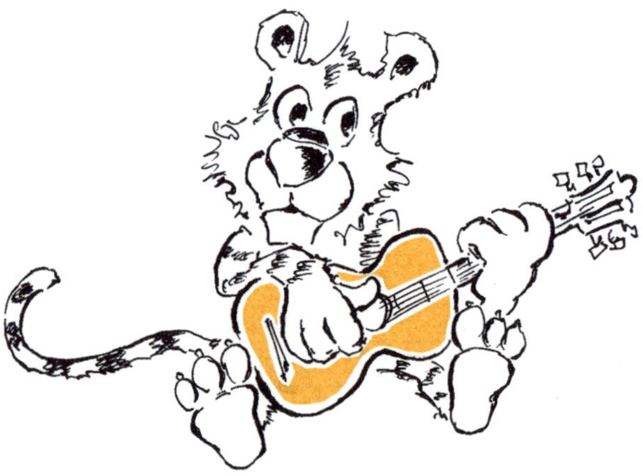

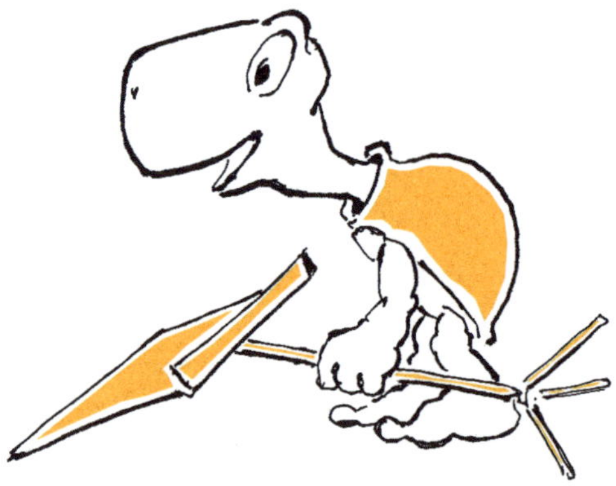

m i m i a m i
m i a i i m
m i a m i a i m i
m i

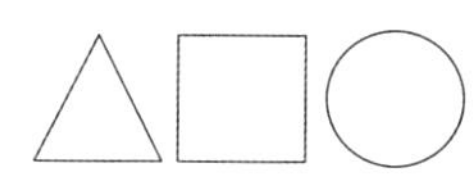

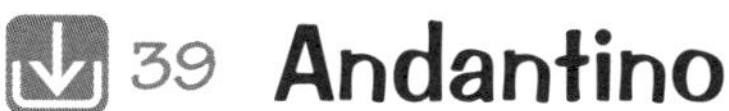

39 Andantino

Matteo Carcassi

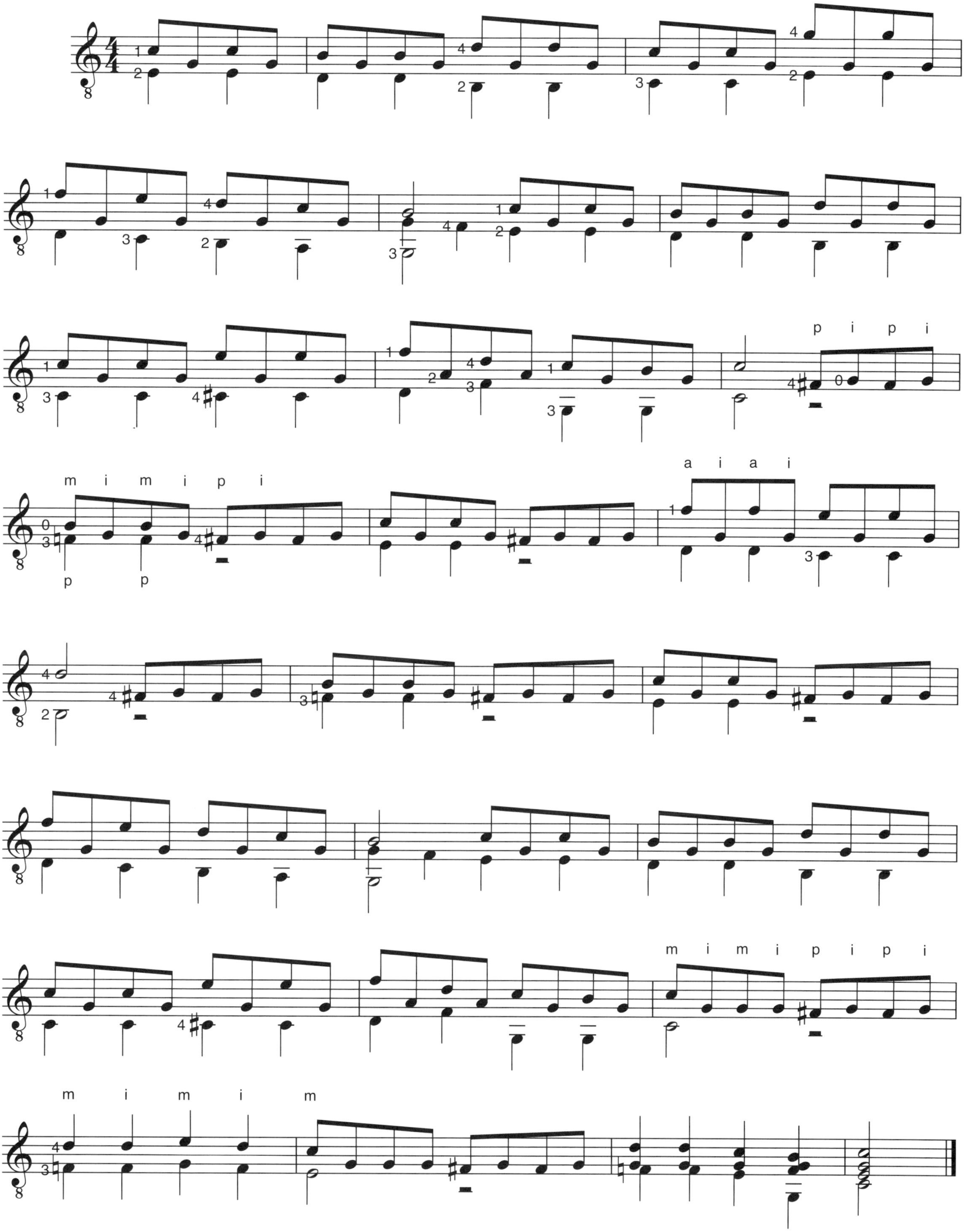

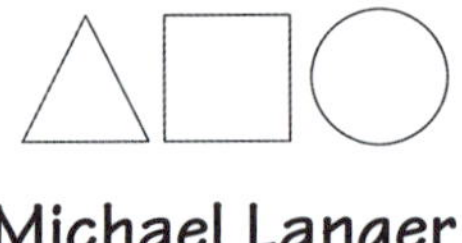

40 Ola, mein König!

Michael Langer

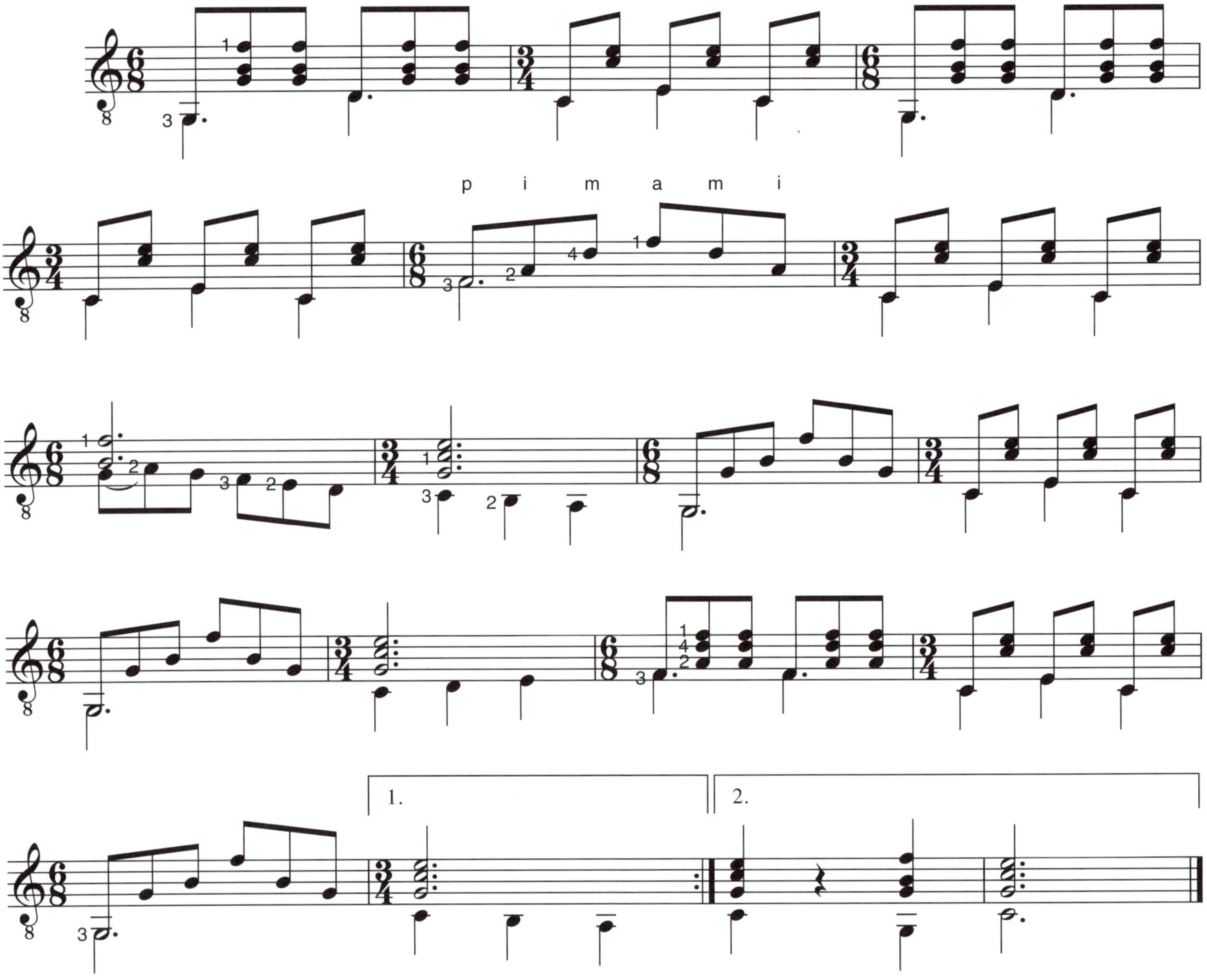

p i m a m i

1. 2.

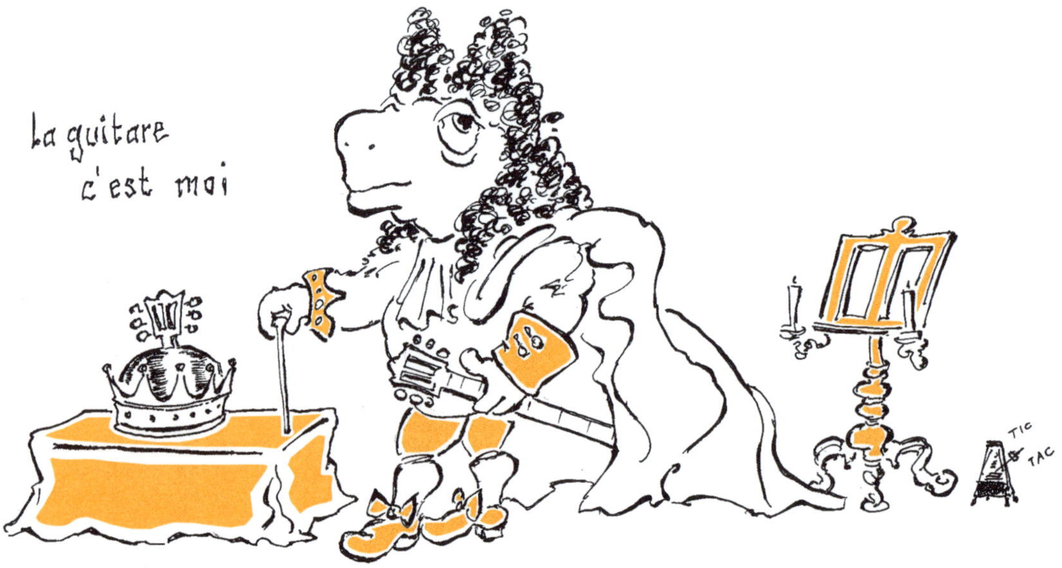

La guitare c'est moi

TIC TAC

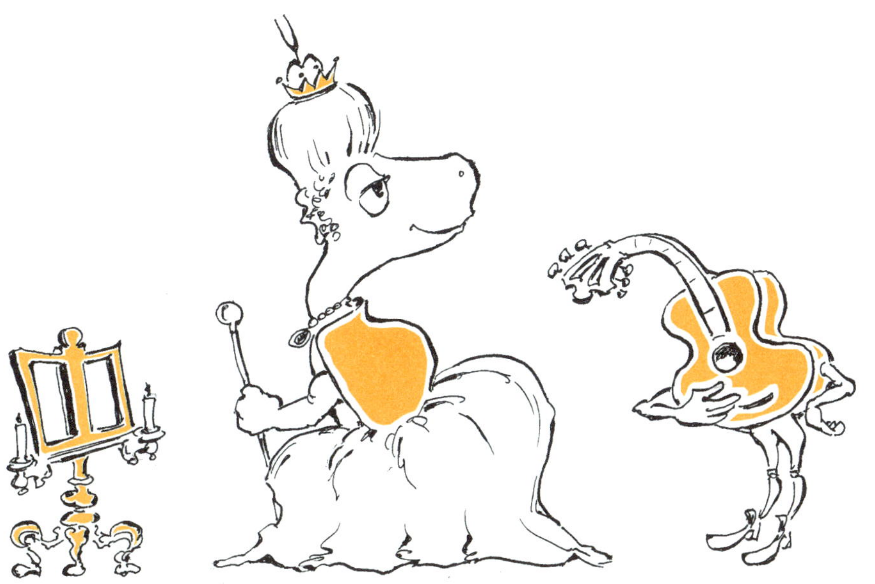

41 **Ola, meine Königin!**

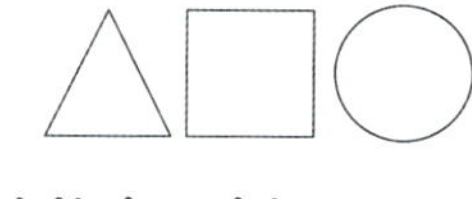

Michael Langer

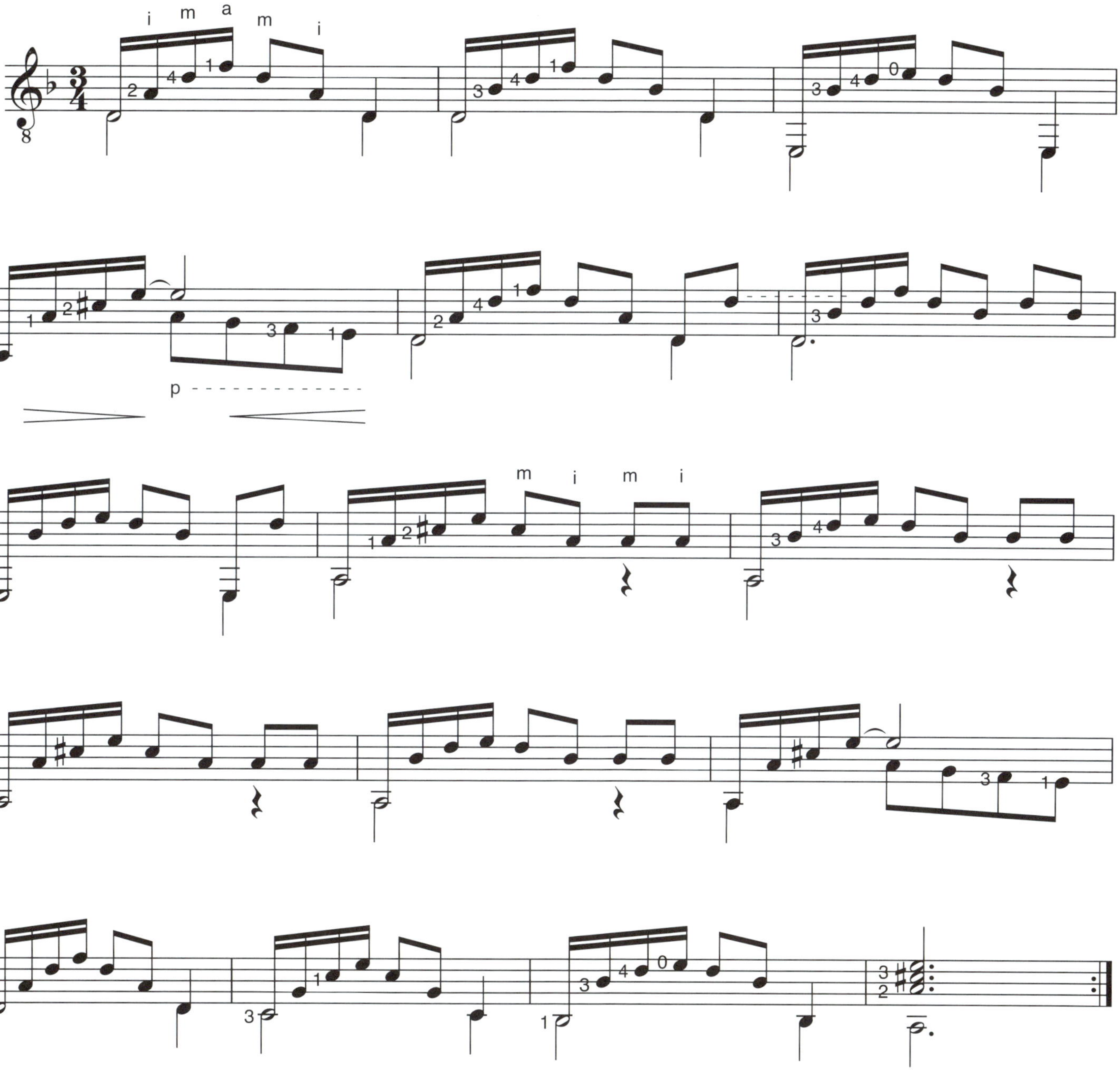

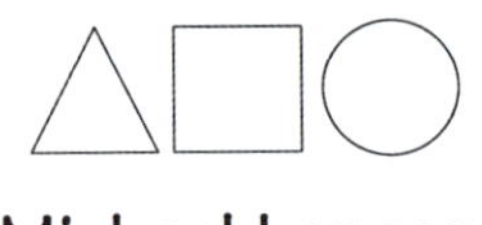

42 Der tanzende Barsch

Michael Langer

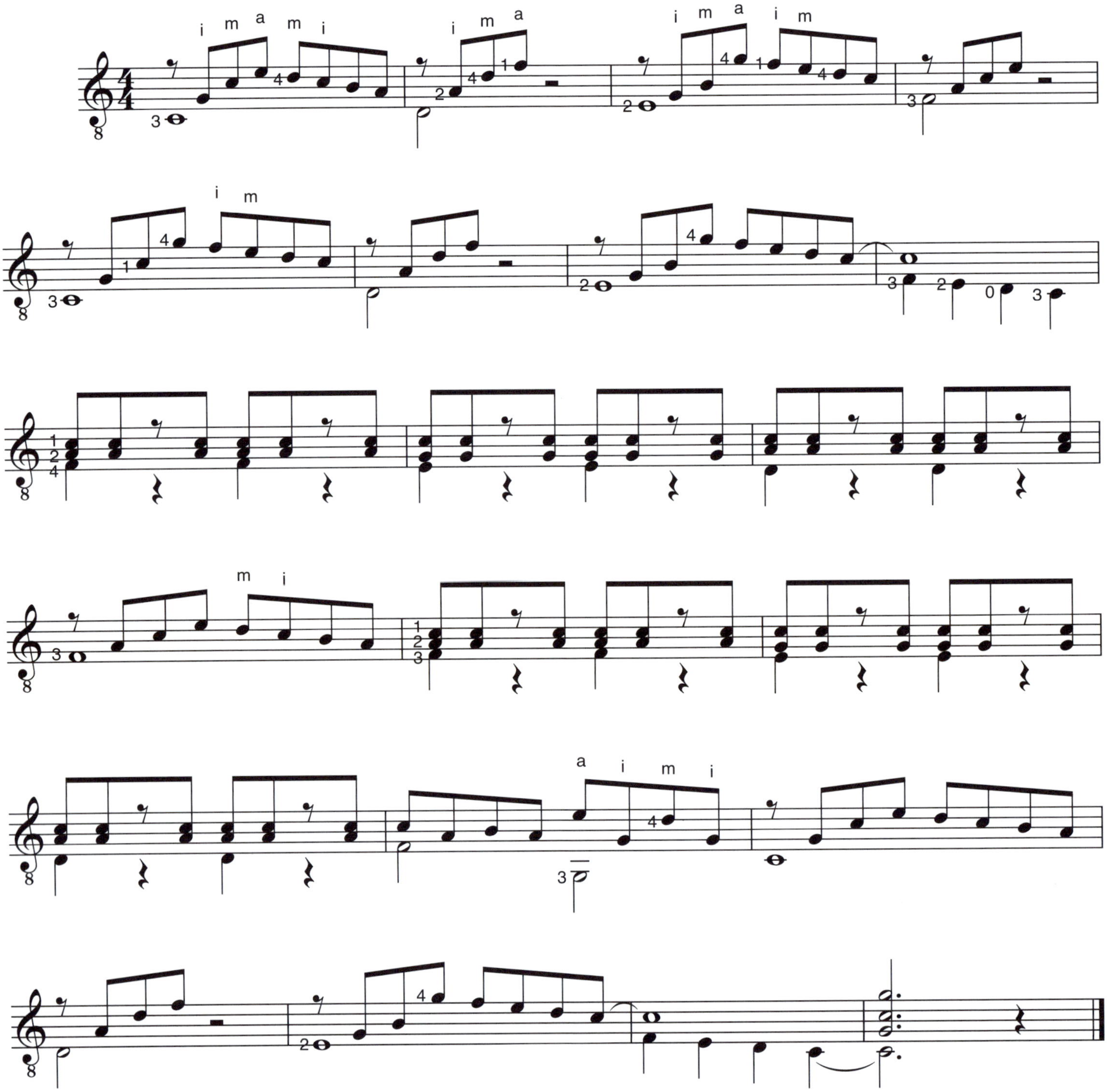

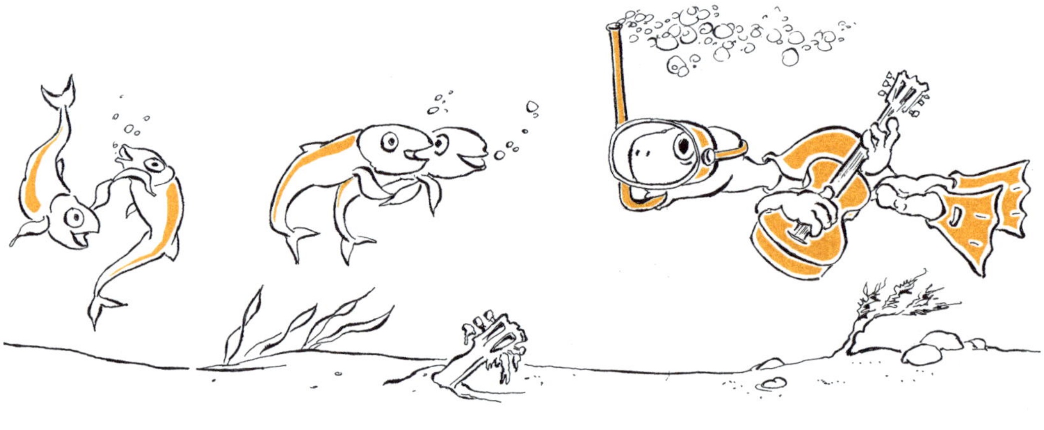

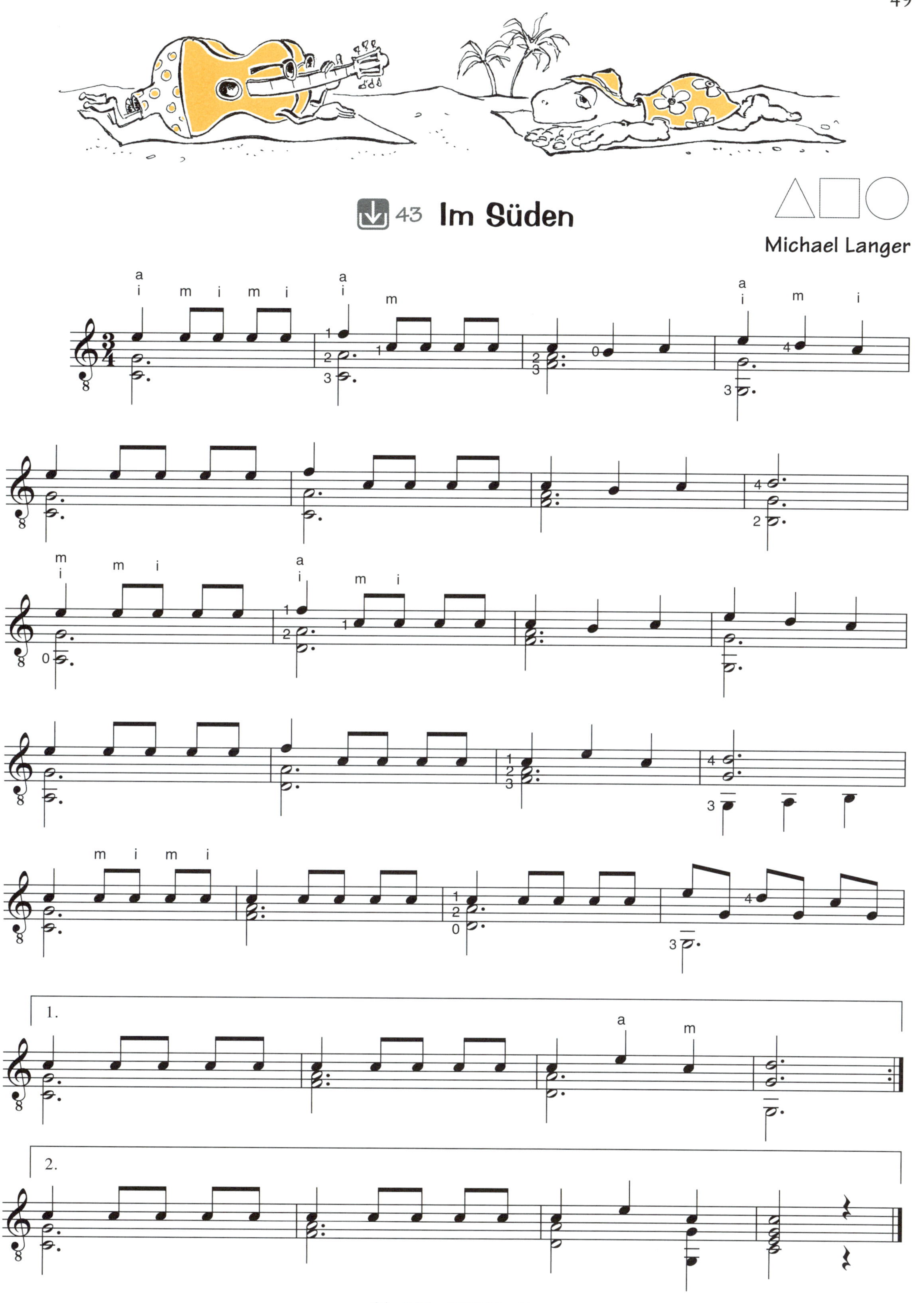
43 Im Süden
Michael Langer
1.
2.
© by Edition DUX, Manching

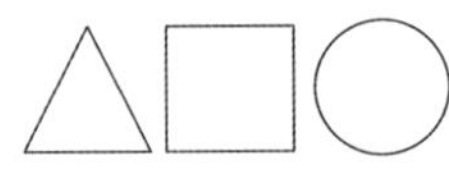

44 Freude, schöner Götterfunken

Ludwig van Beethoven

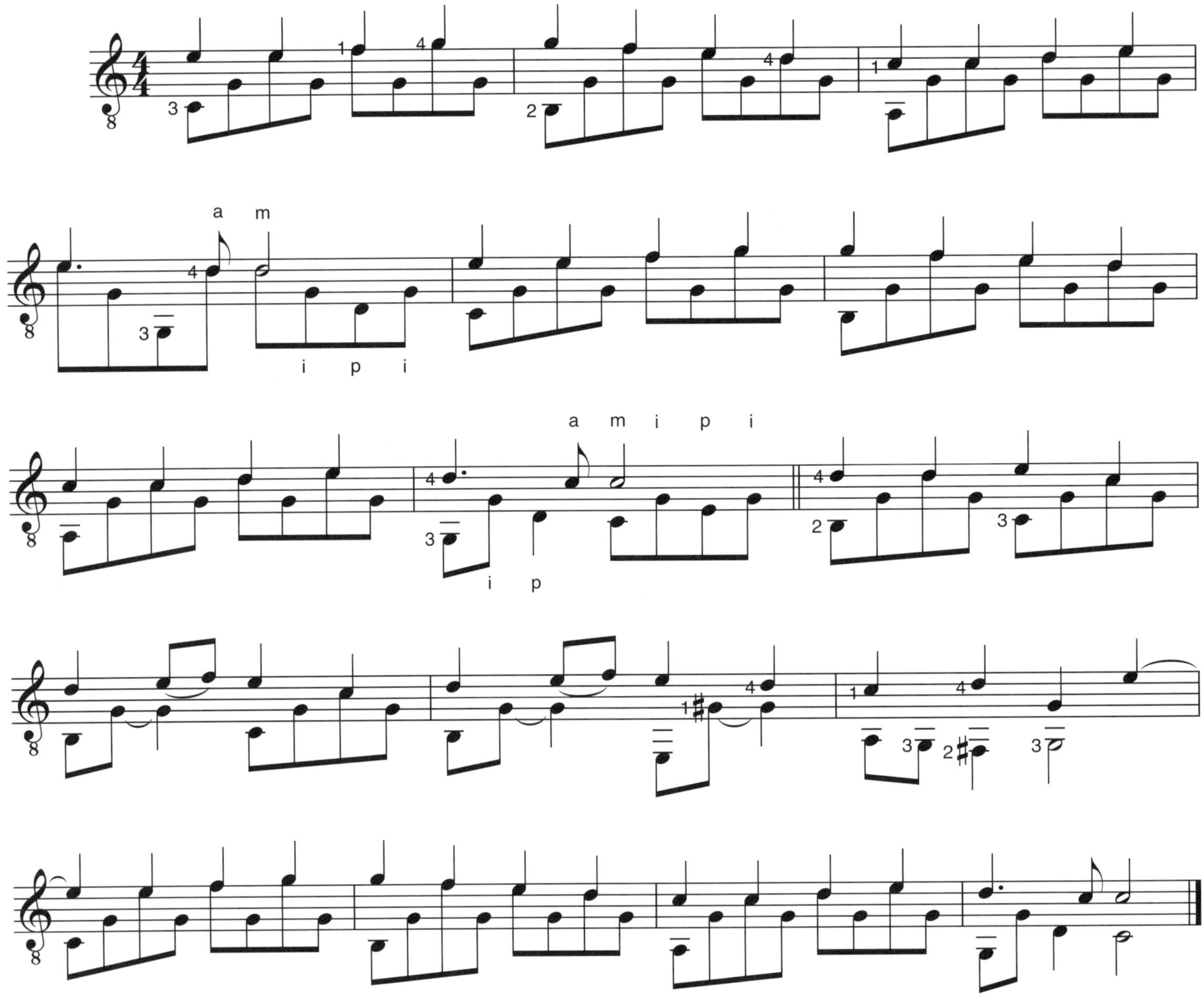

45 Aura Lee

Trad. / USA

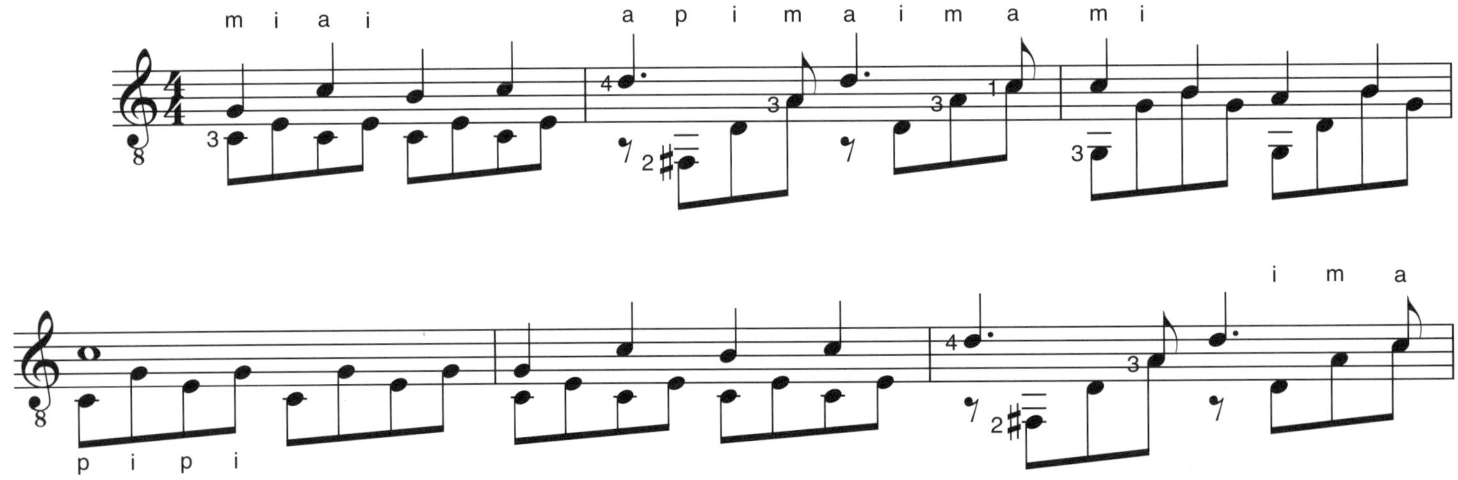

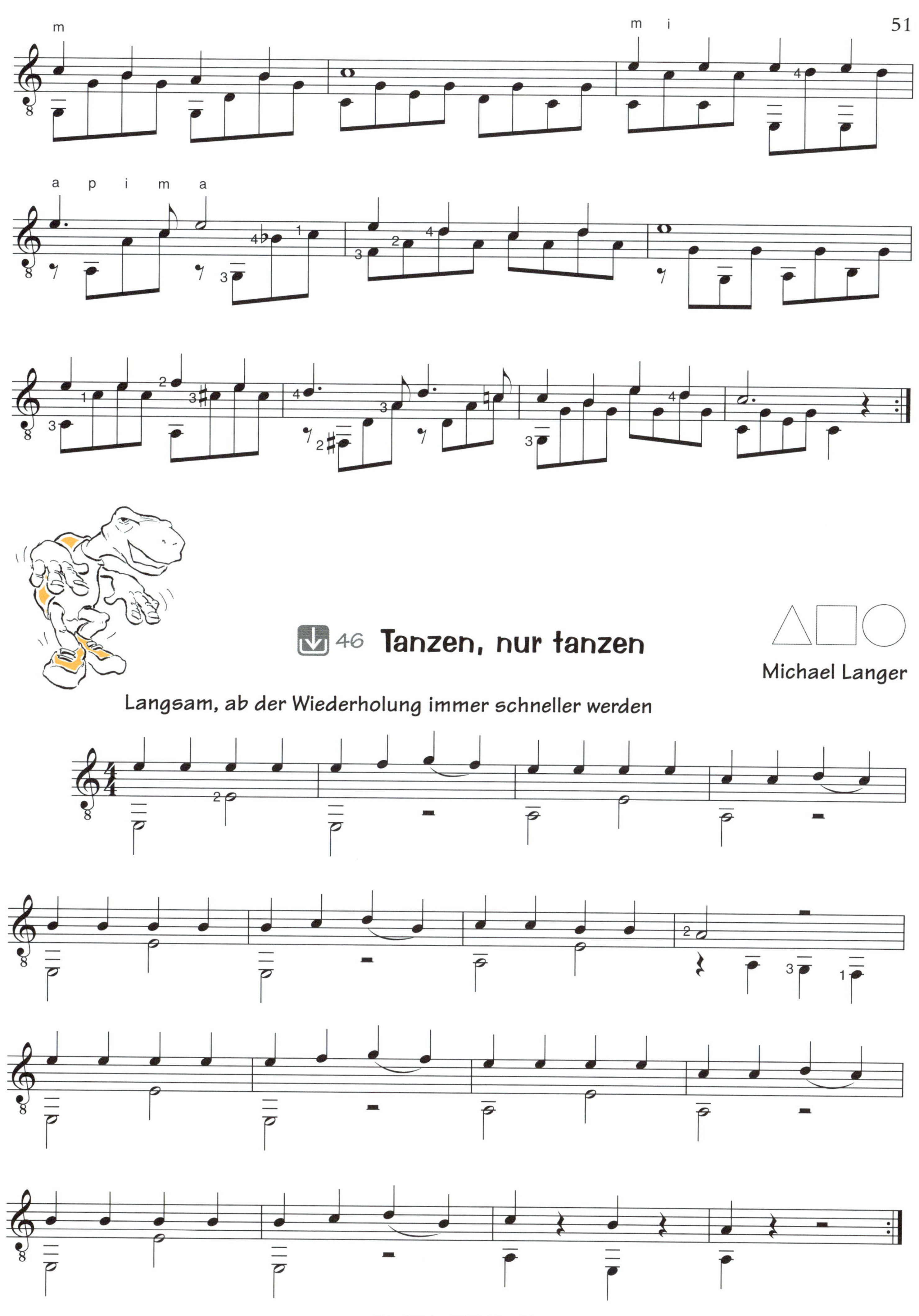
m
m i
a p i m a
46
Tanzen, nur tanzen
Michael Langer
Langsam, ab der Wiederholung immer schneller werden

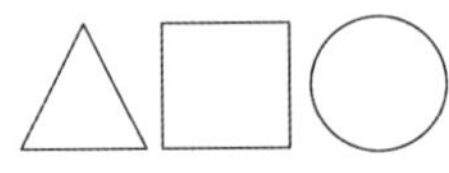

47 Immer wieder

Michael Langer

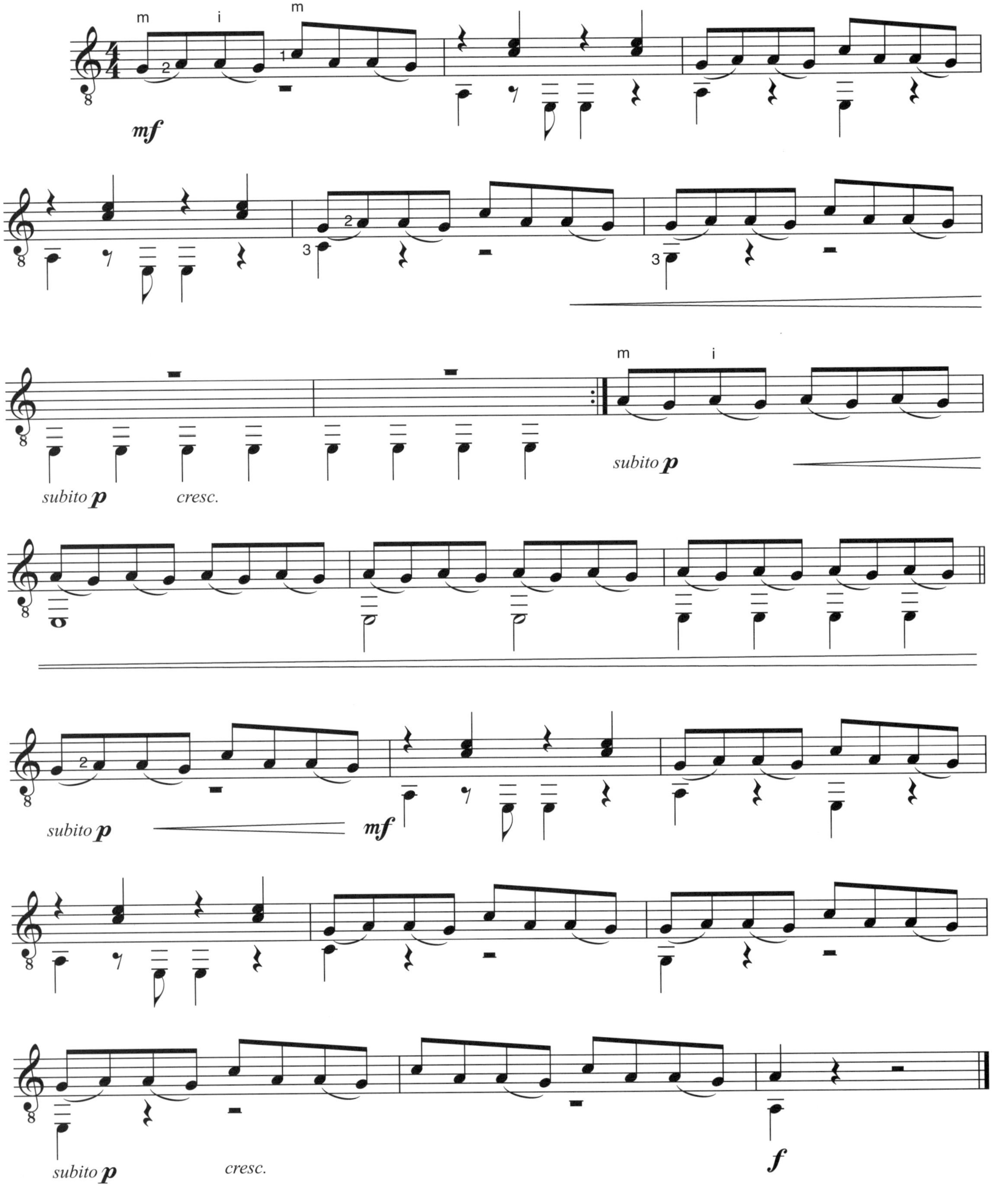

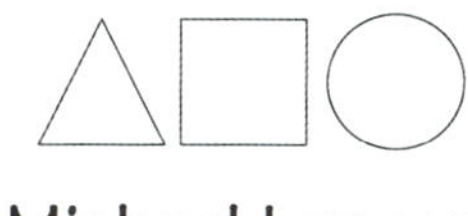

48 Drill und Chill

Michael Langer

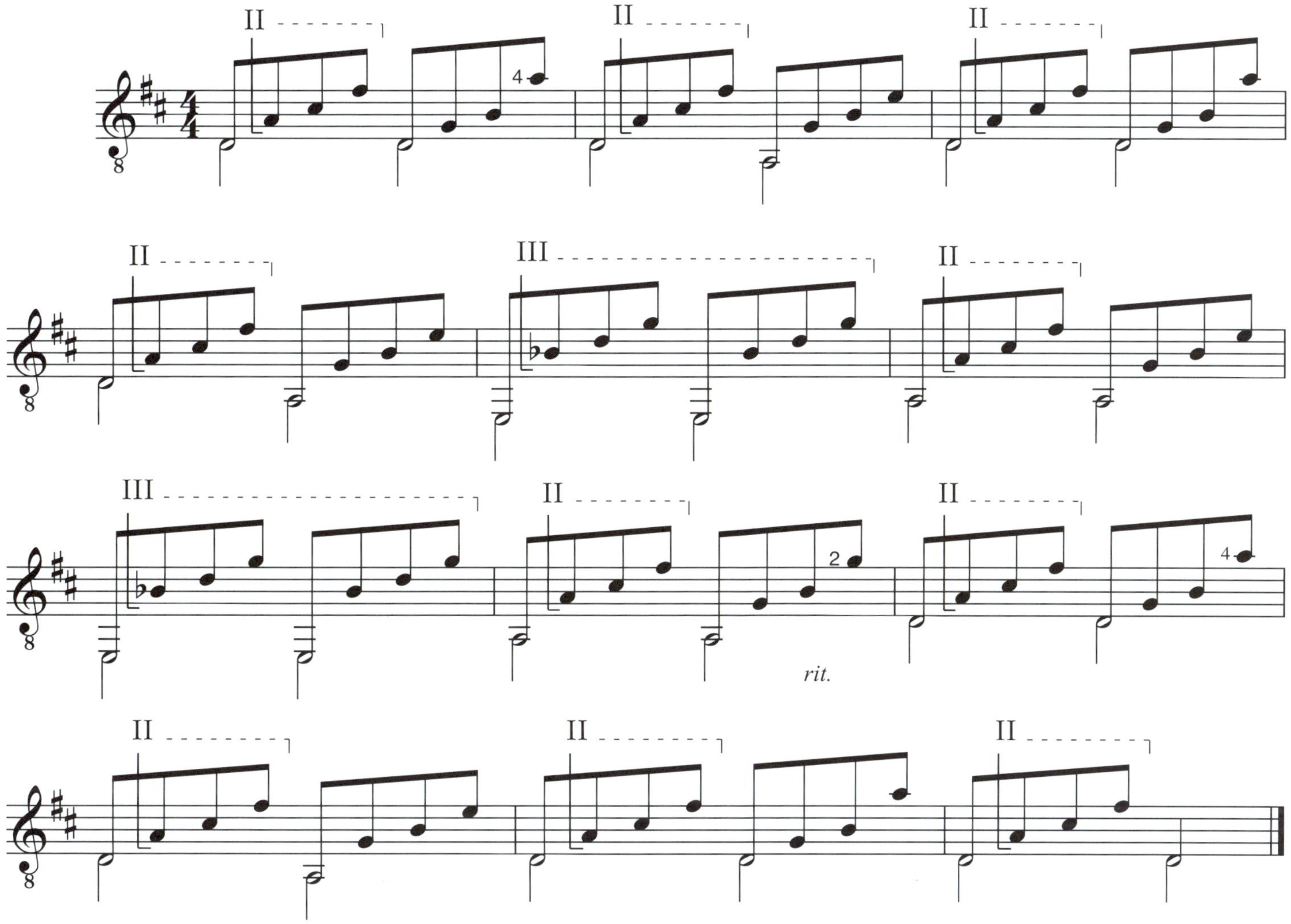

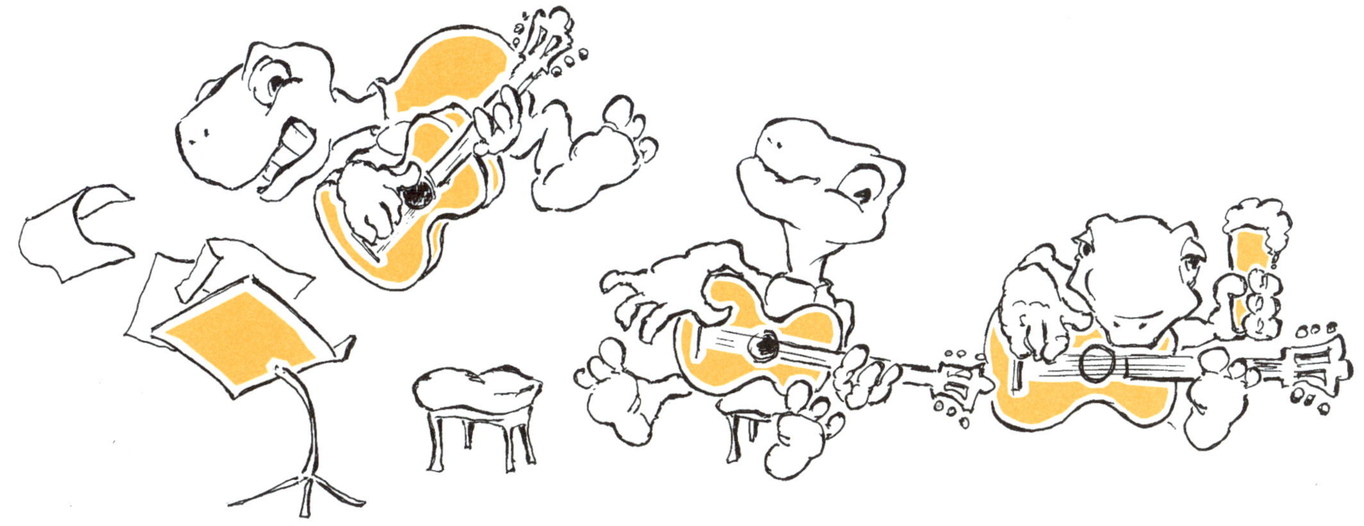

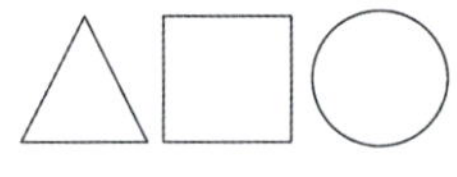

49 Deutscher Tanz

Franz Hünten

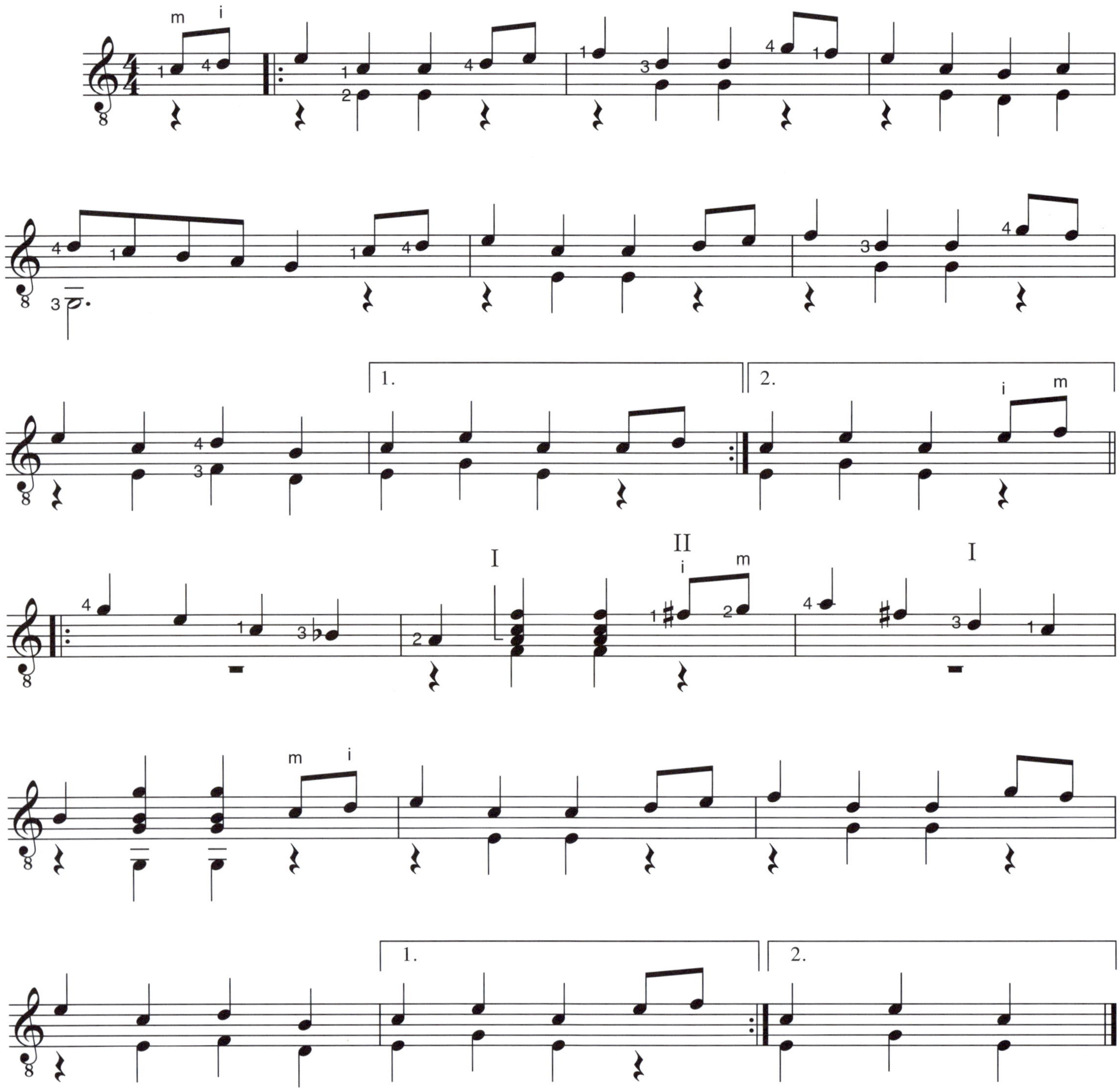

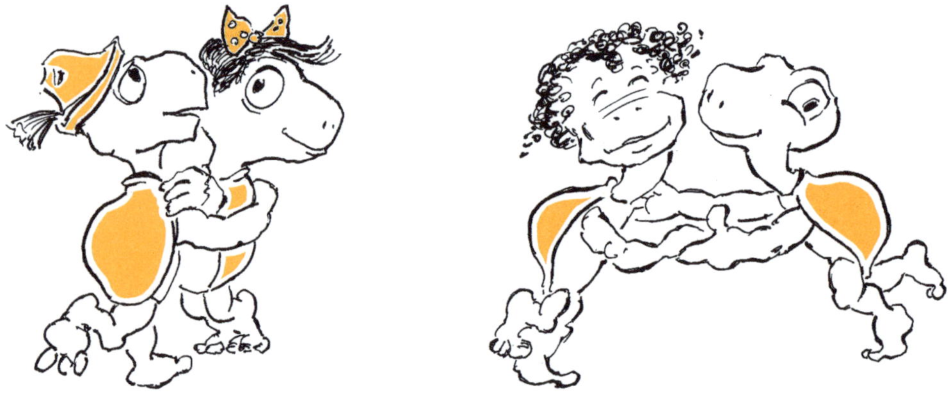

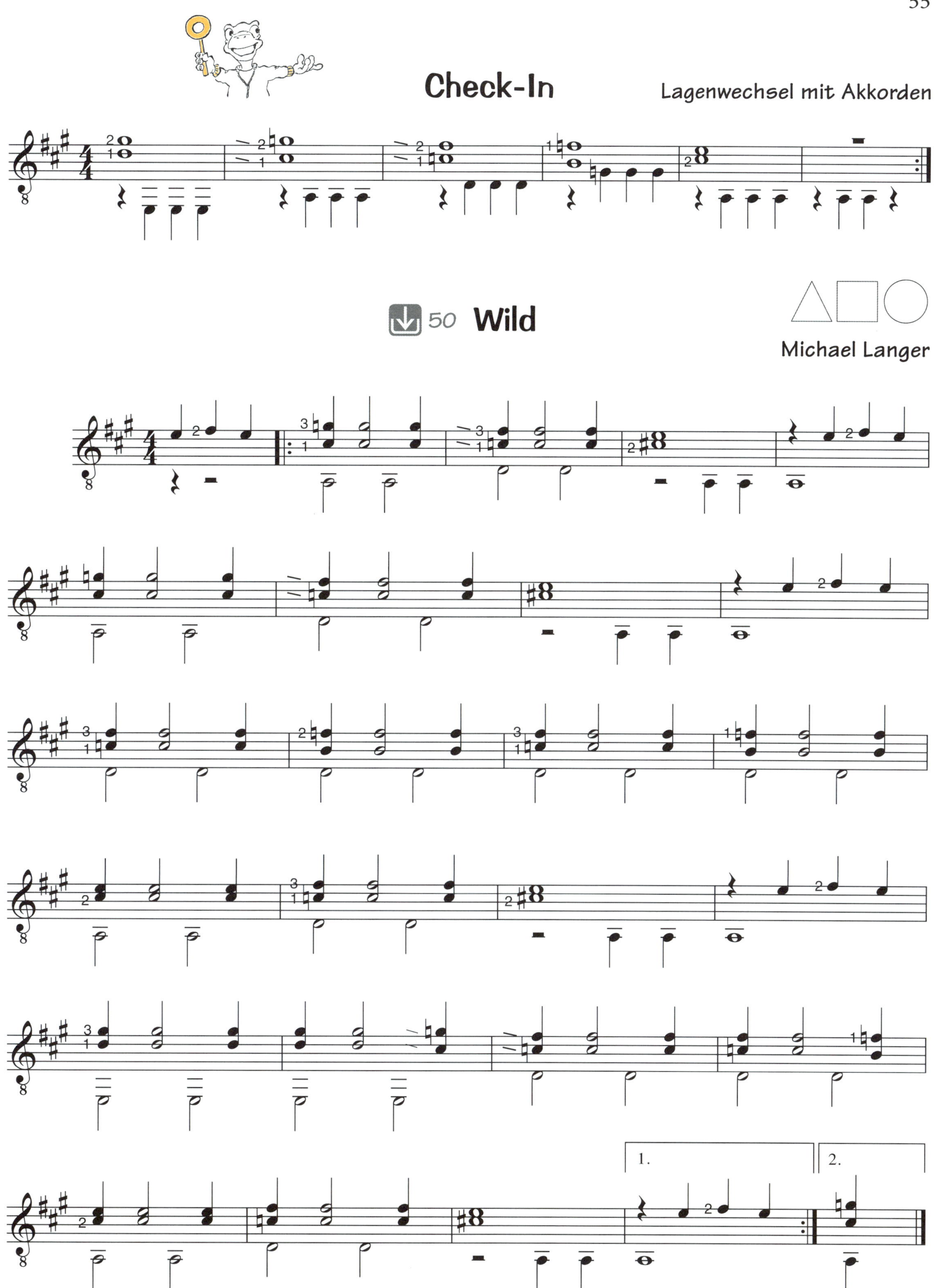
Check-In
Lagenwechsel mit Akkorden
50 Wild
Michael Langer
1.
2.

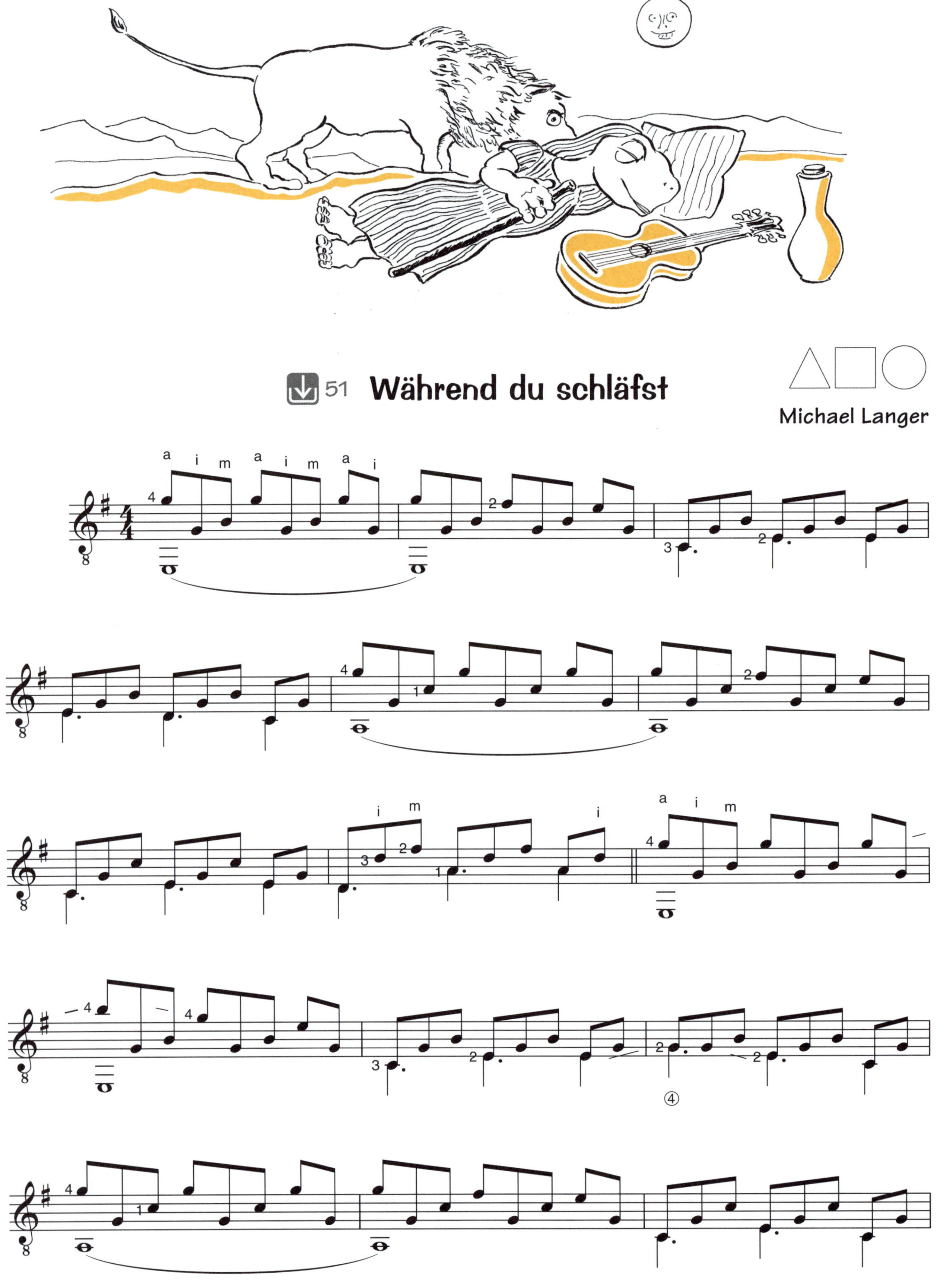
51 Während du schläfst
Michael Langer

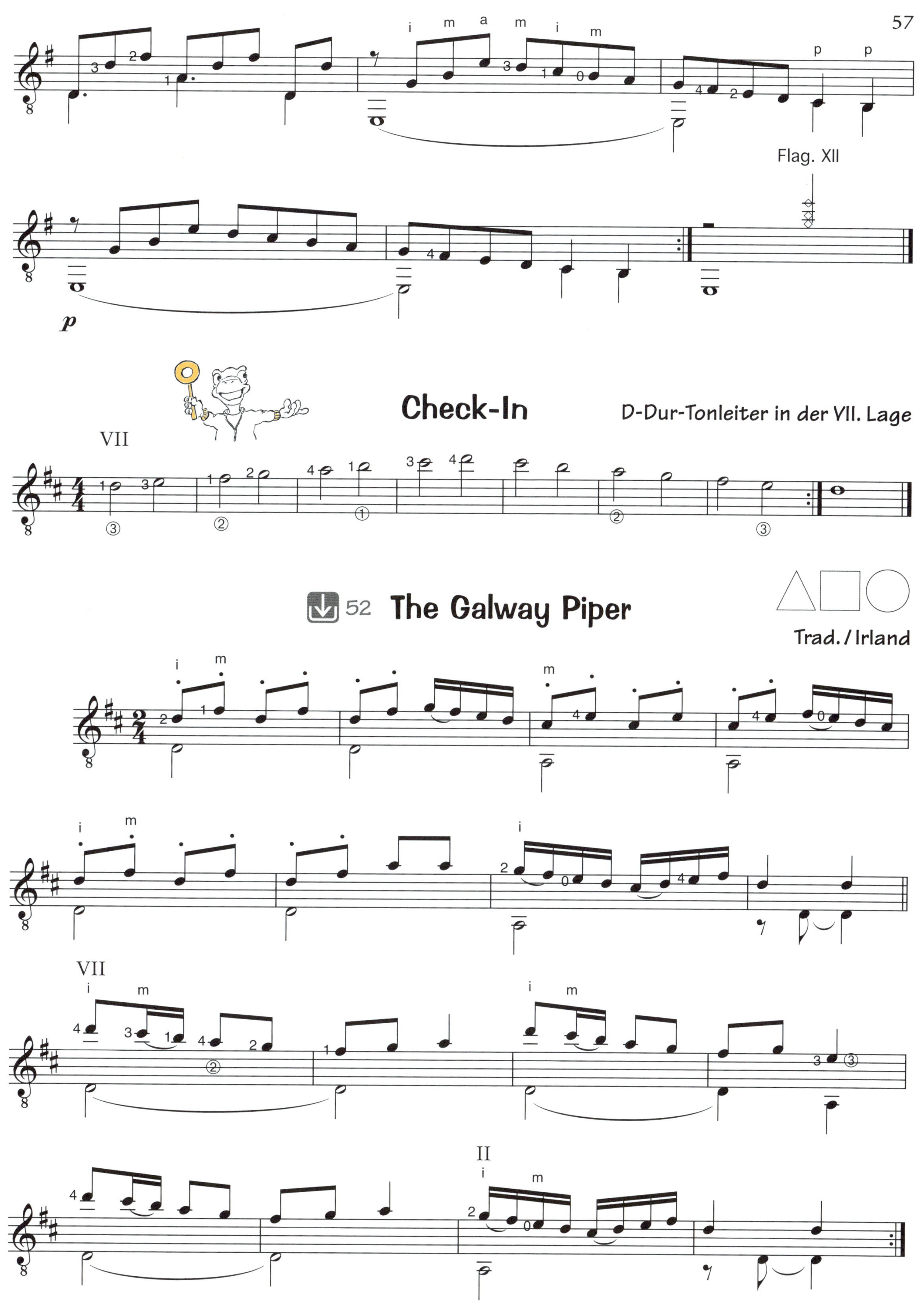
i m a m i m
p p
Flag. XII
Check-In
D-Dur-Tonleiter in der VII. Lage
VII
52 The Galway Piper
Trad. / Irland
VII
II

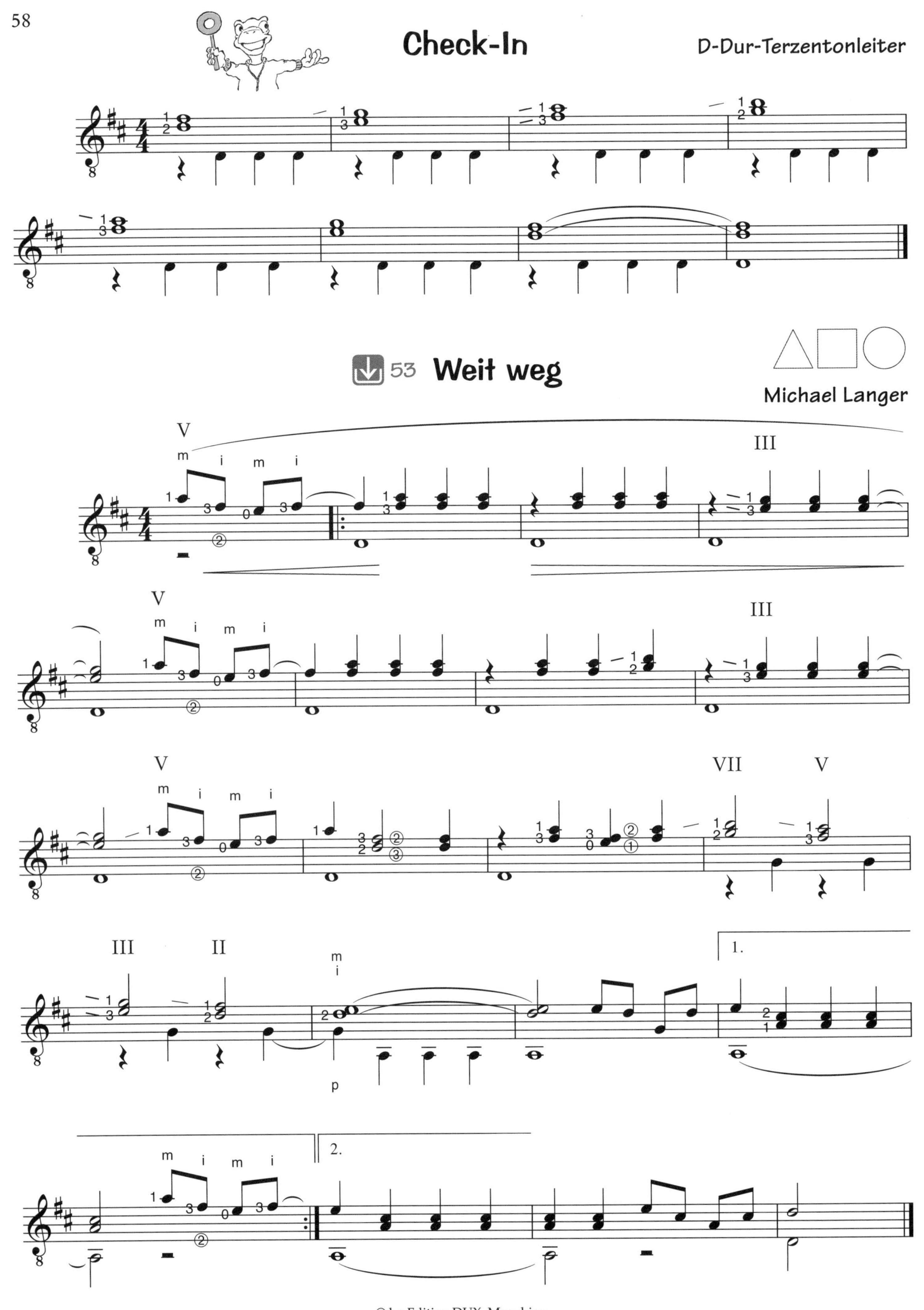
58
Check-In
D-Dur-Terzentonleiter
53 Weit weg
Michael Langer
© by Edition DUX, Manching

Teil 4

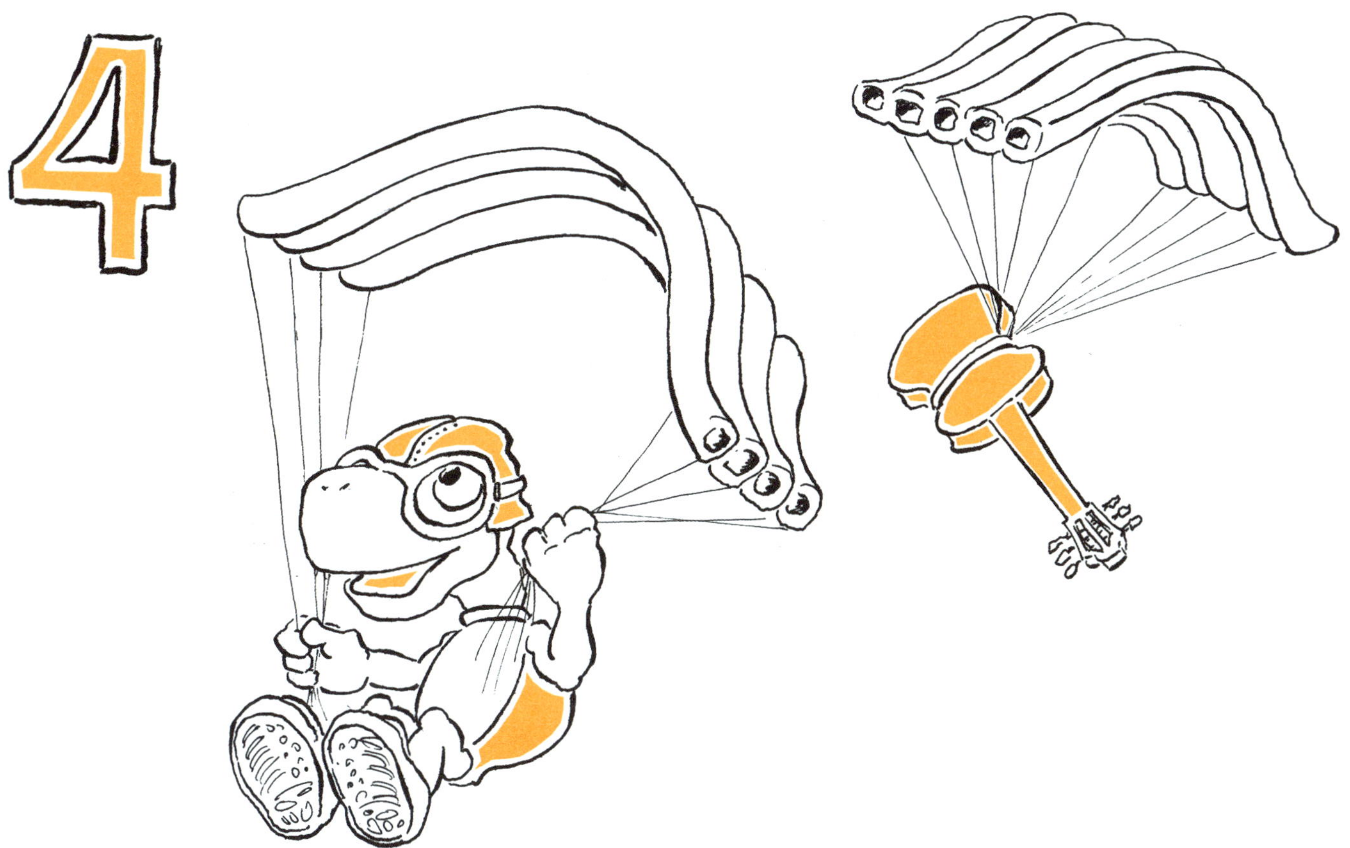

Die Spielstücke des 4. Teils folgen keiner didaktischen Reihung, sondern sind nach Epochen angeordnet.

Das Wiedererkennen der in den Teilen 1 – 3 behandelten und geübten spieltechnischen Themen sollte beim Erlernen und Umsetzen der Stücke des 4. Teils eine Hilfe sein.

Das bewusste Erfassen und Umsetzen von musikalischen und spieltechnischen Inhalten ist ein wichtiger Schritt auf dem Weg zu einer überzeugenden Interpretation.

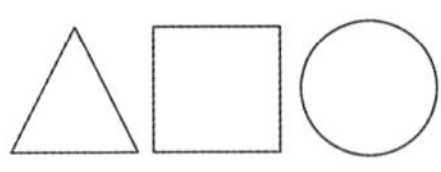

54 Go From My Window

Anonym, England ca.1600

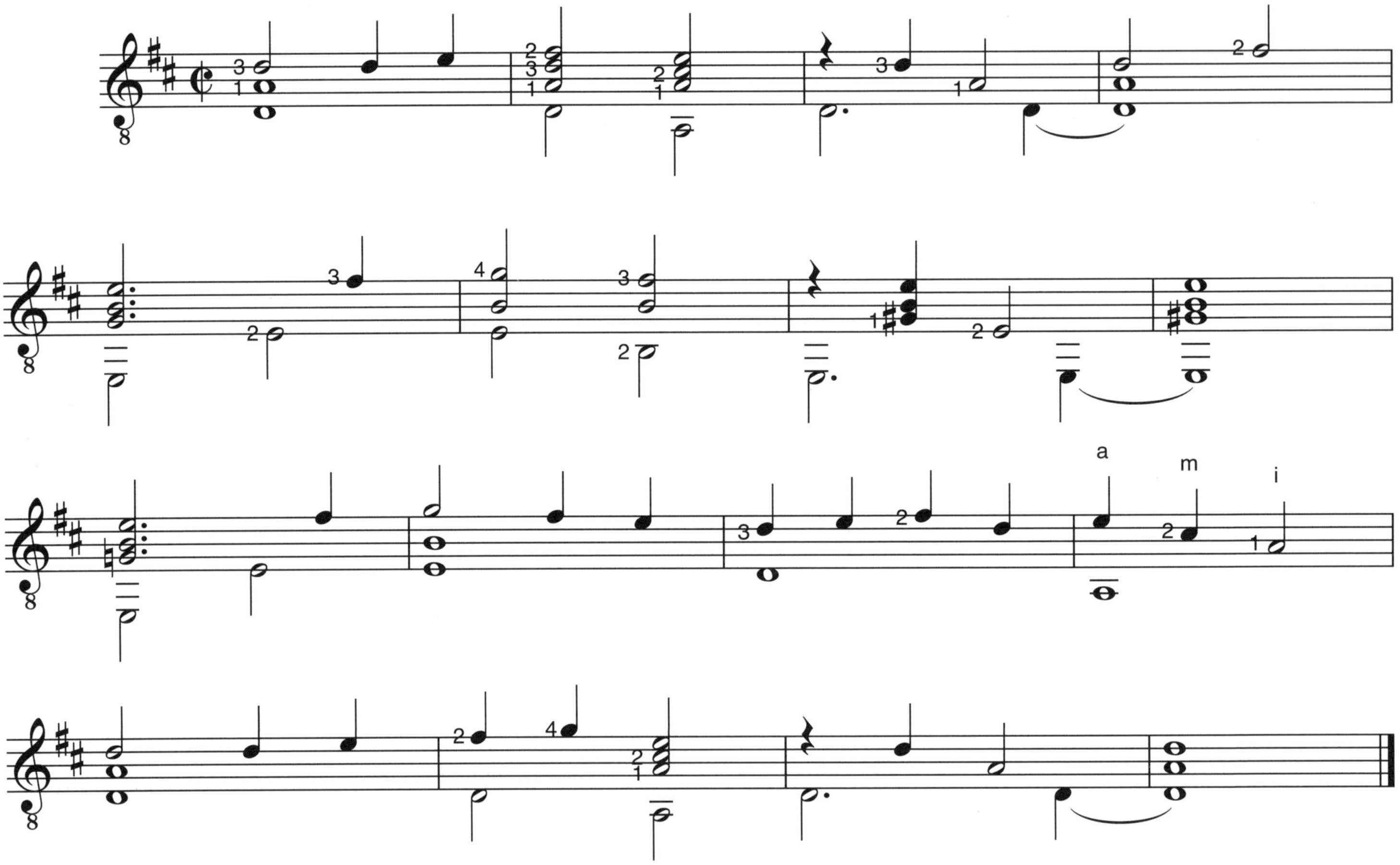

55 Rujero

Gaspar Sanz

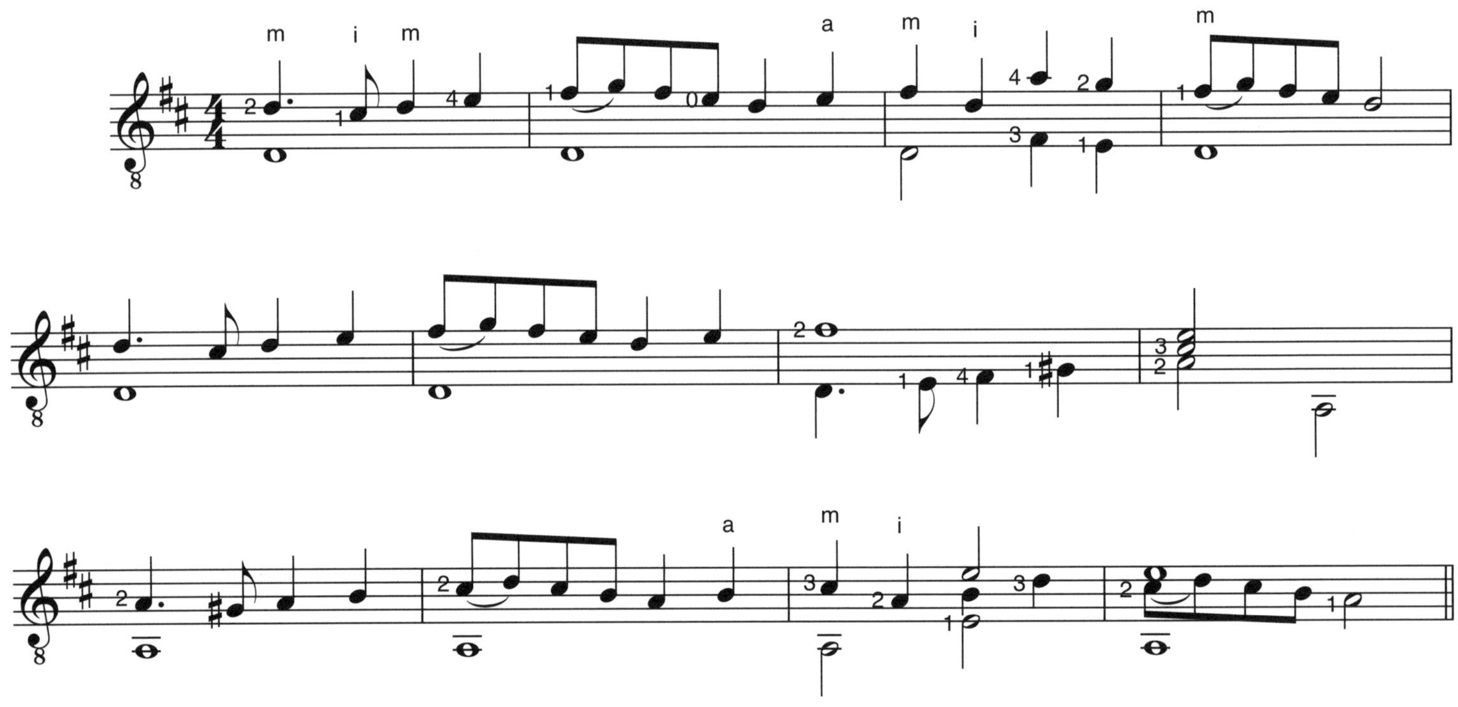

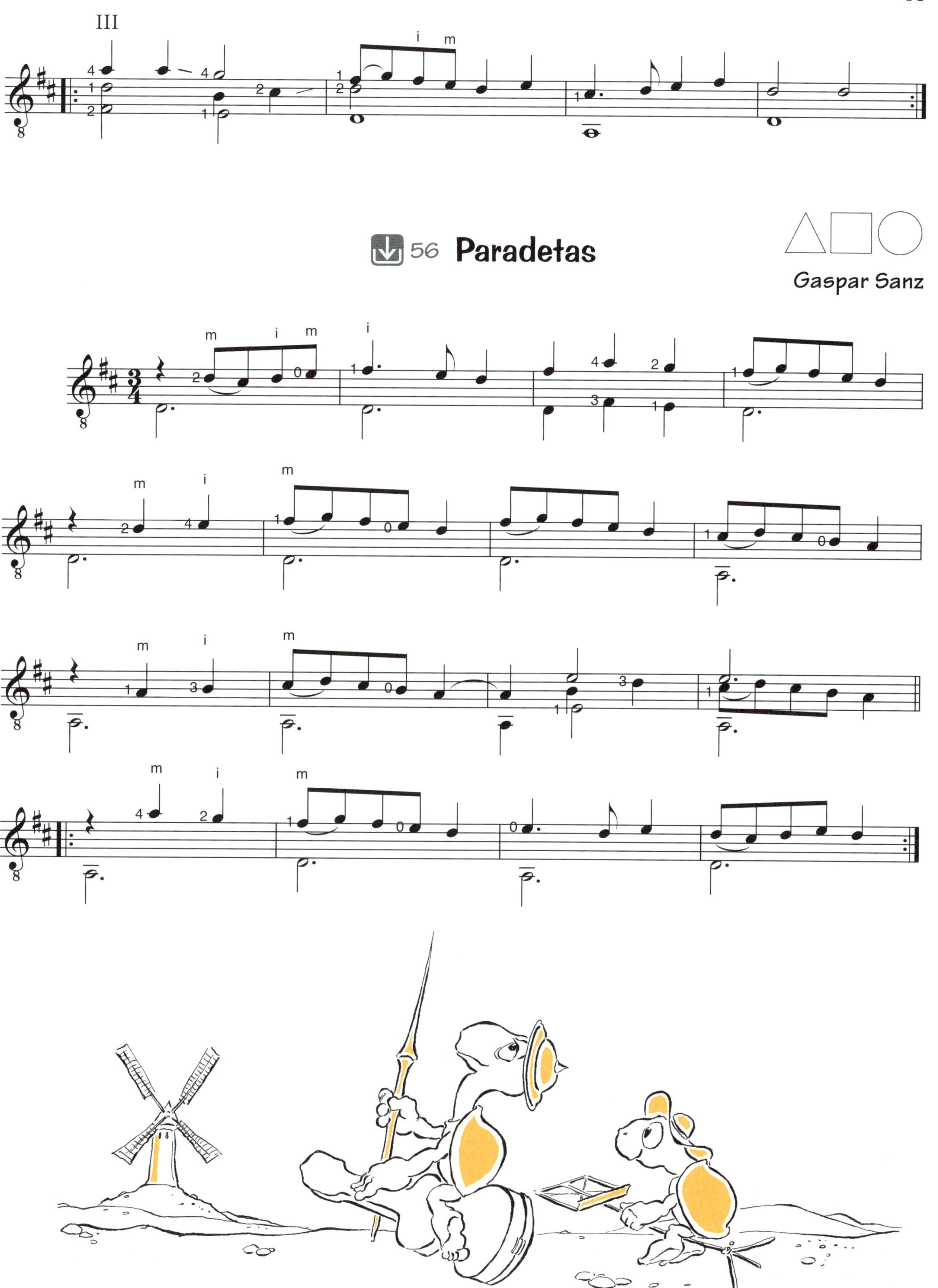
III
56 Paradetas
Gaspar Sanz

57 Schottisches Lied

aus Jane Pickerings Lautenbuch

um 1610

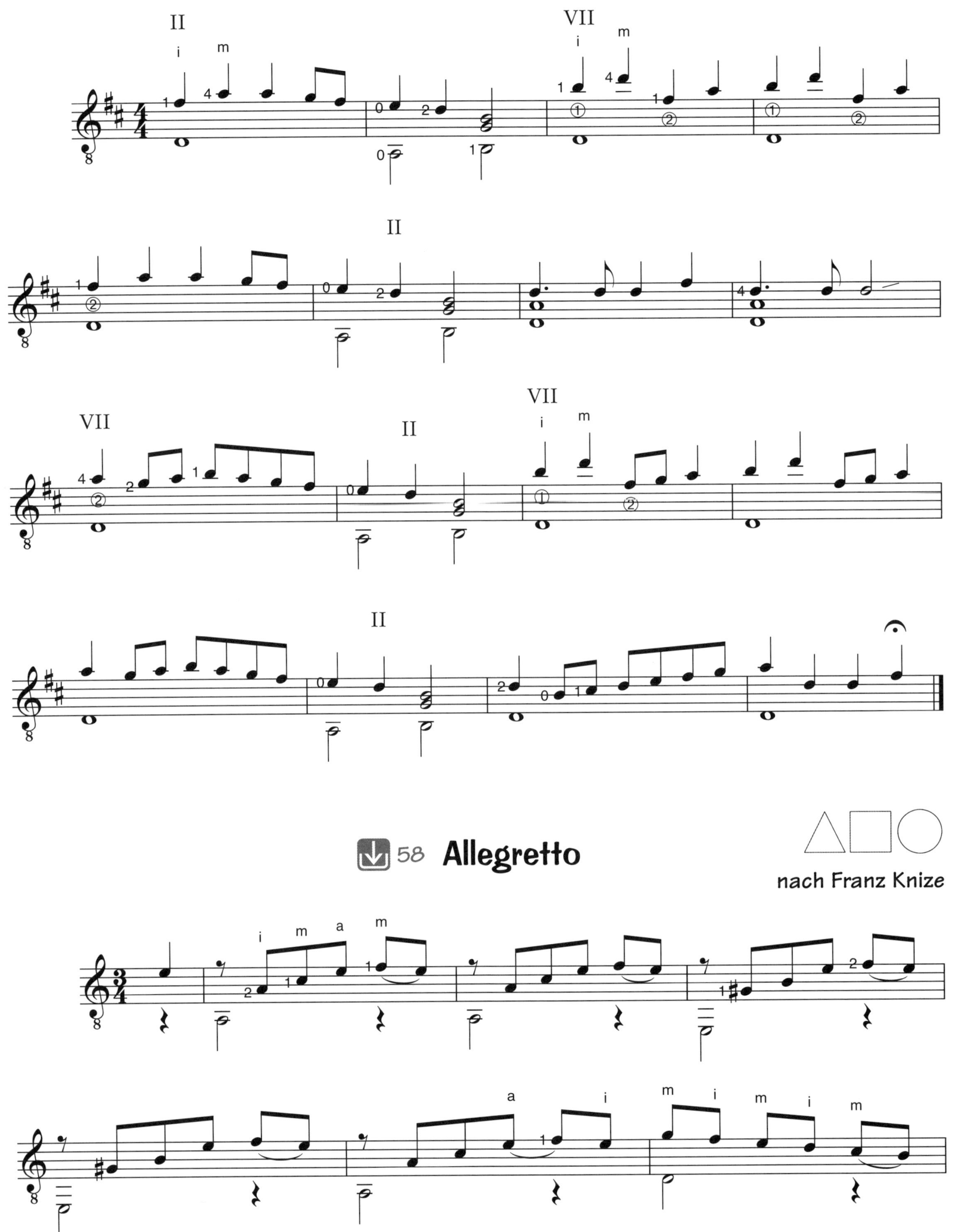

58 Allegretto

nach Franz Knize

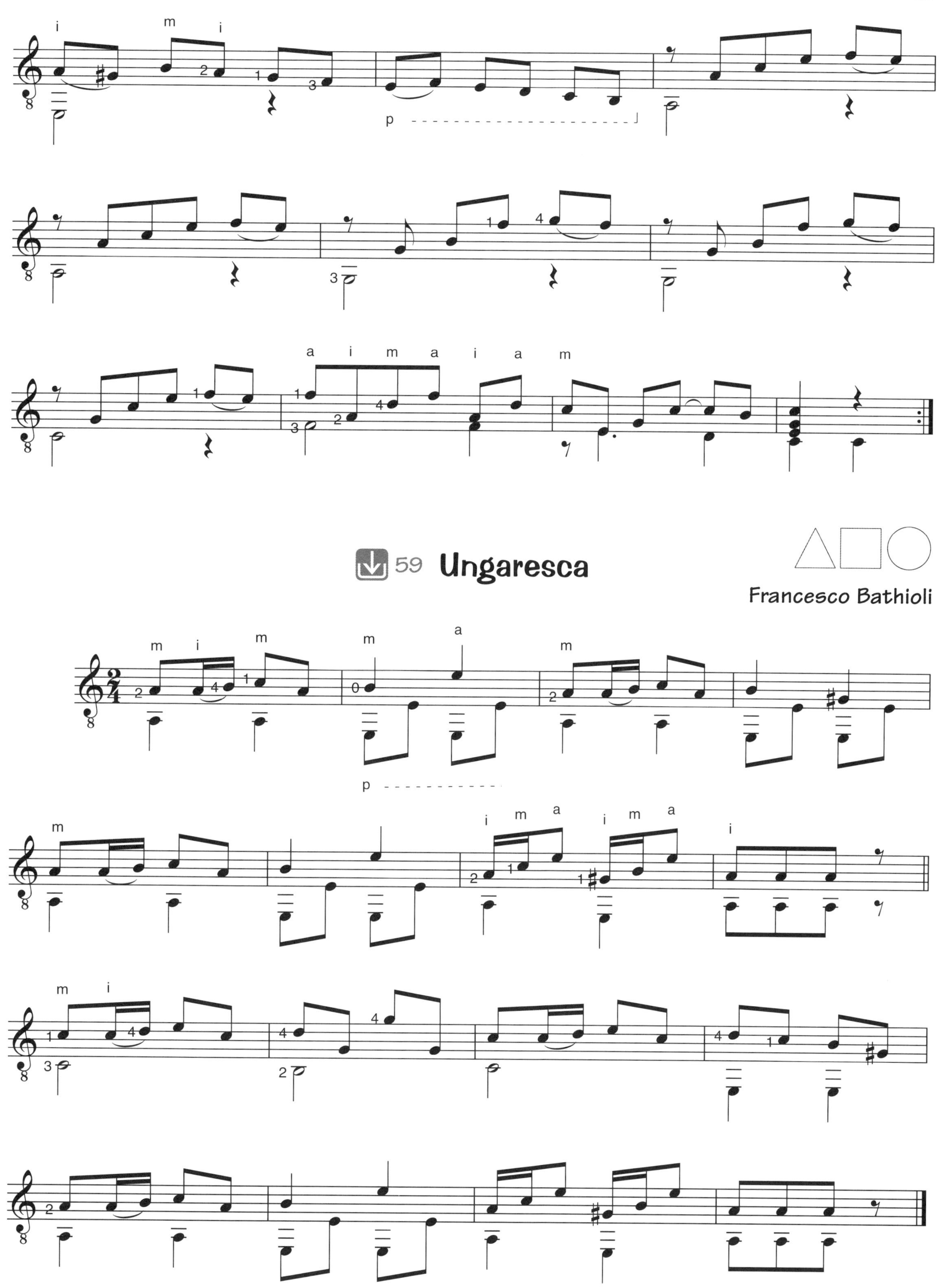
59 Ungaresca
Francesco Bathioli

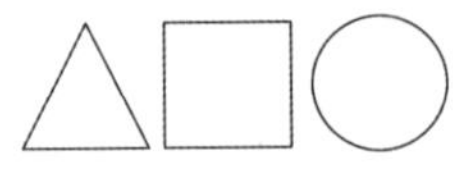

60 Walzer op. 51 Nr. 1

Fernando Sor

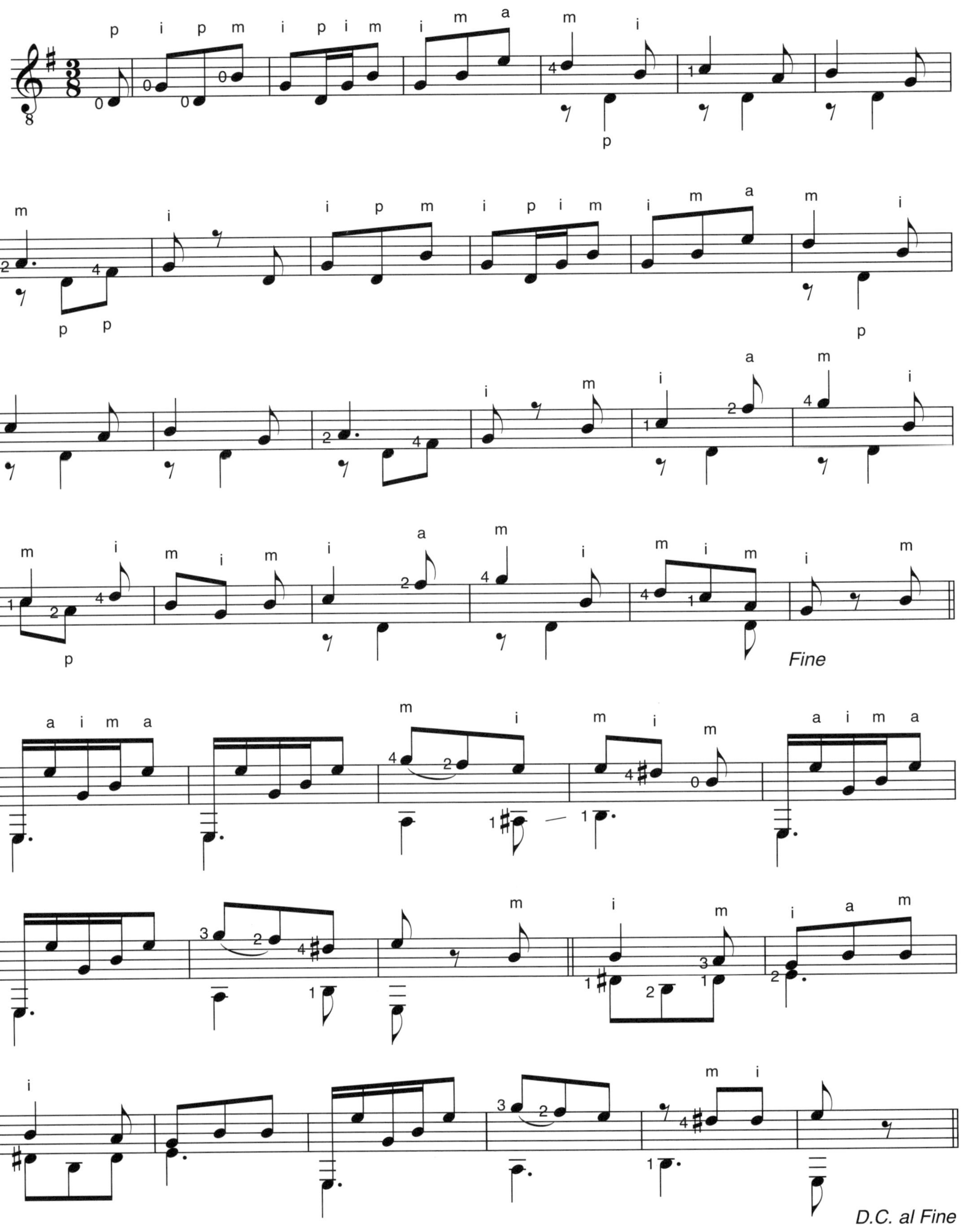

Fine

D.C. al Fine

61 Moderato

Ferdinando Carulli

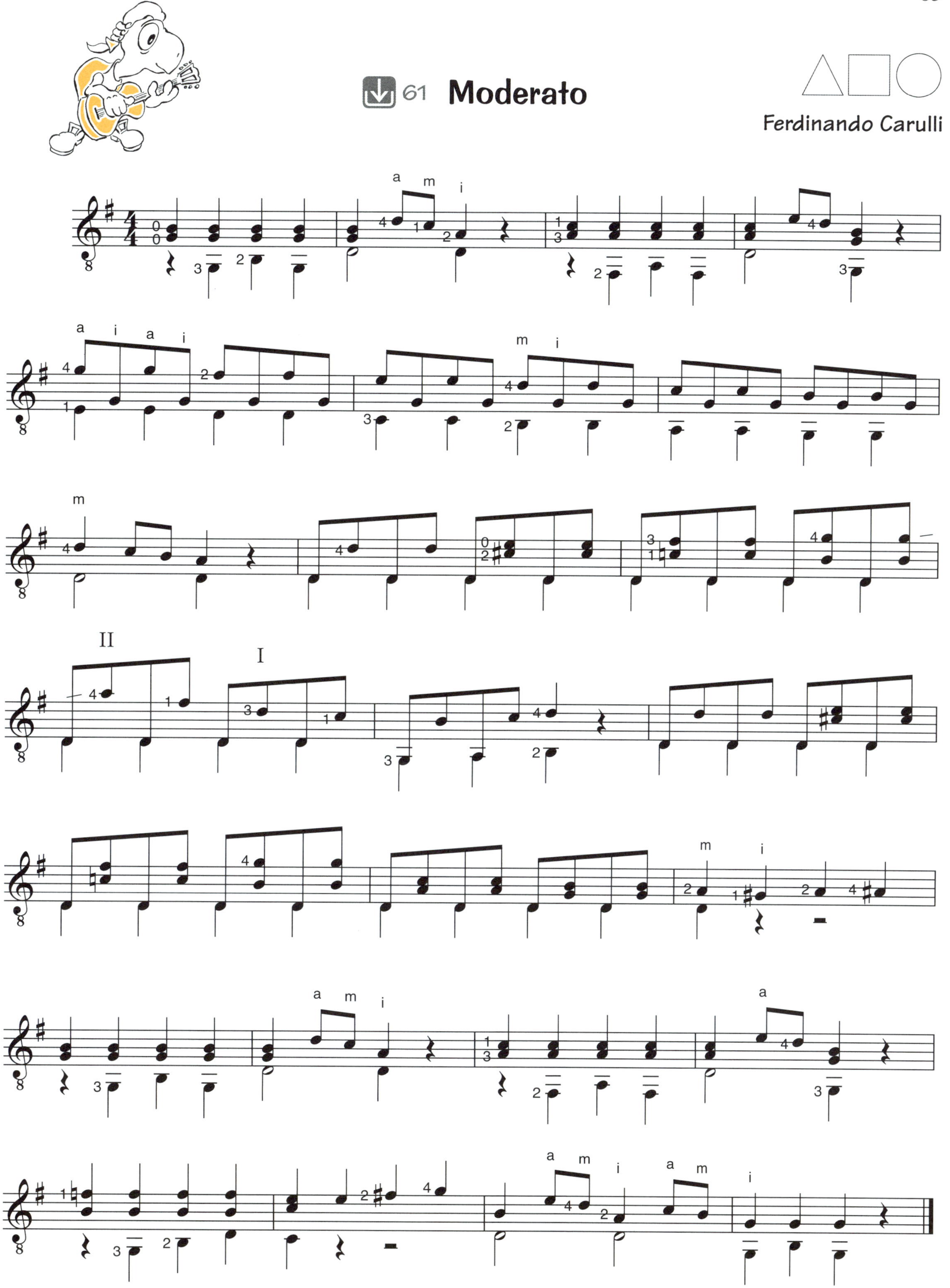

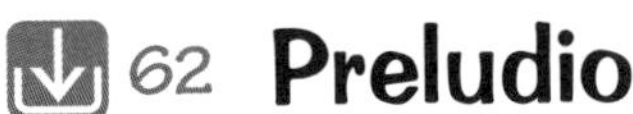

62 Preludio

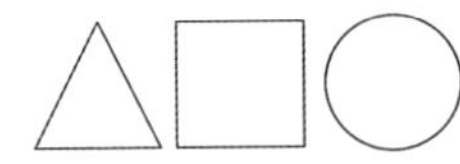

Francesco Molino

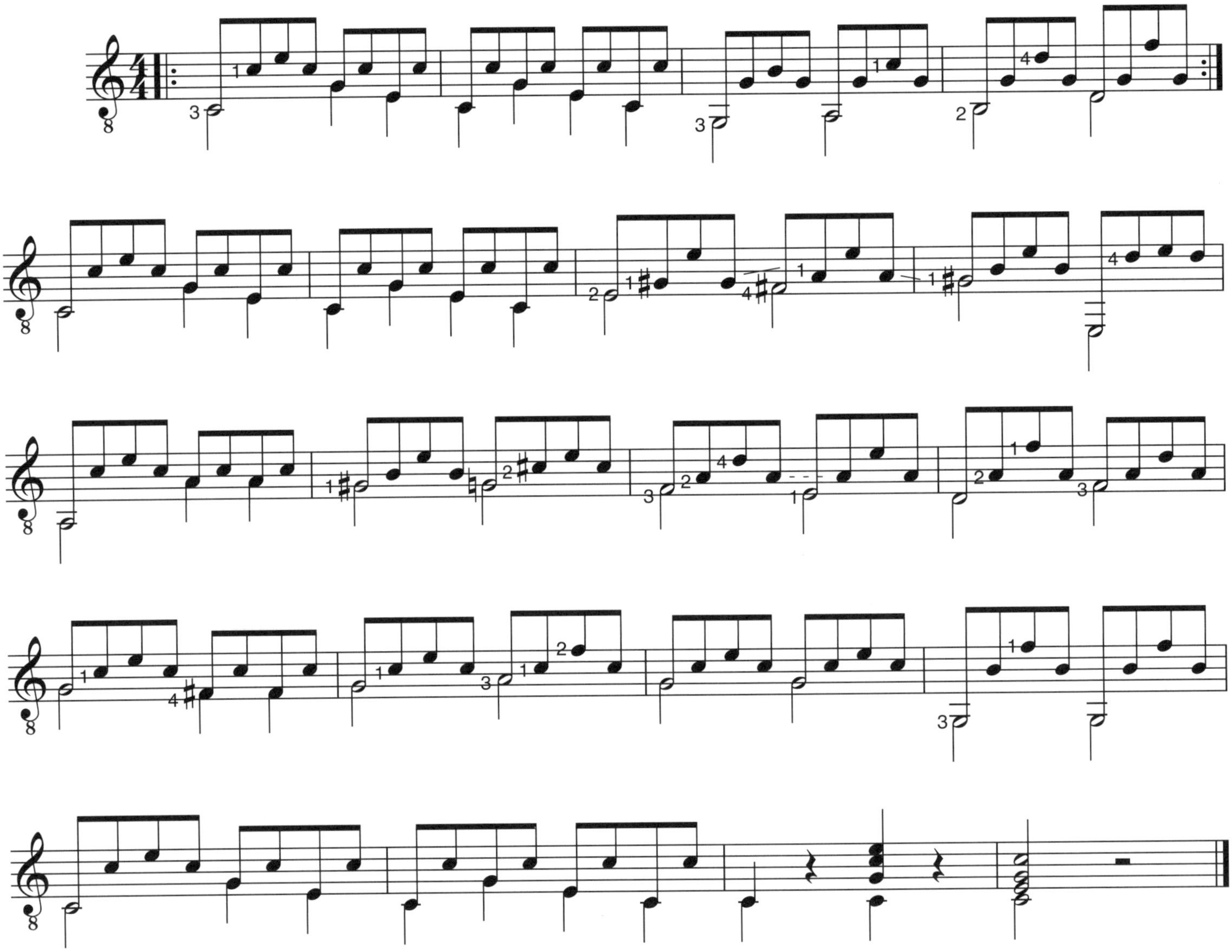

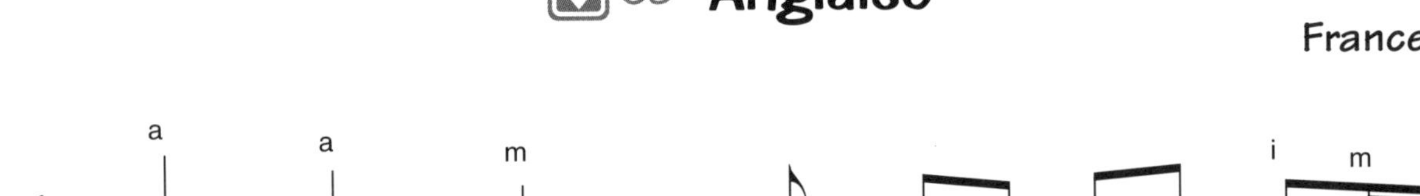

63 Anglaise

Francesco Molino

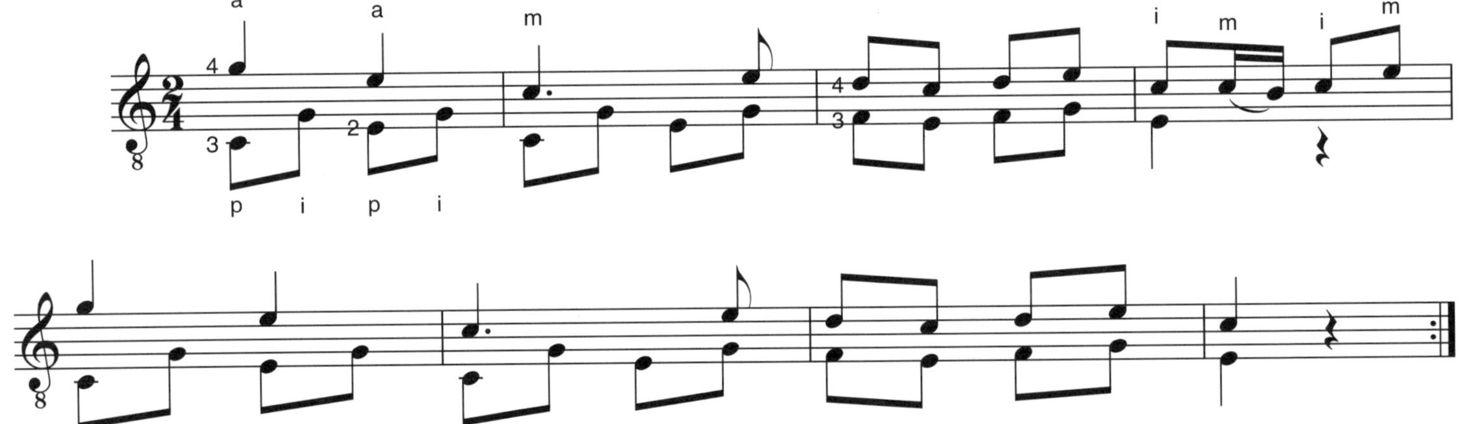

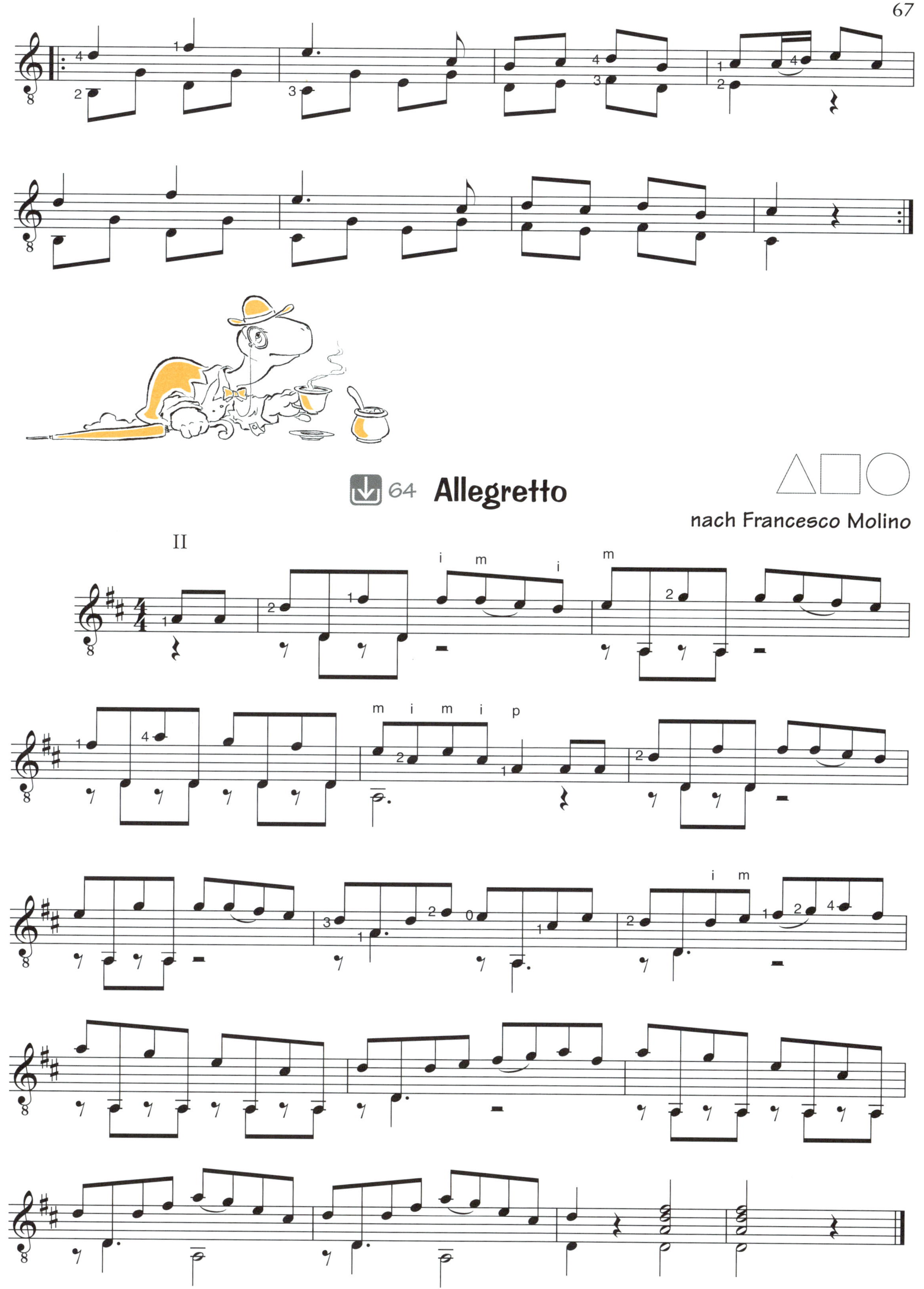
64 Allegretto
nach Francesco Molino
II
m i m i p
i m
© by Edition DUX, Manching

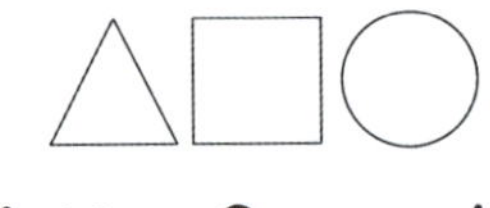

65 Andantino grazioso

Matteo Carcassi

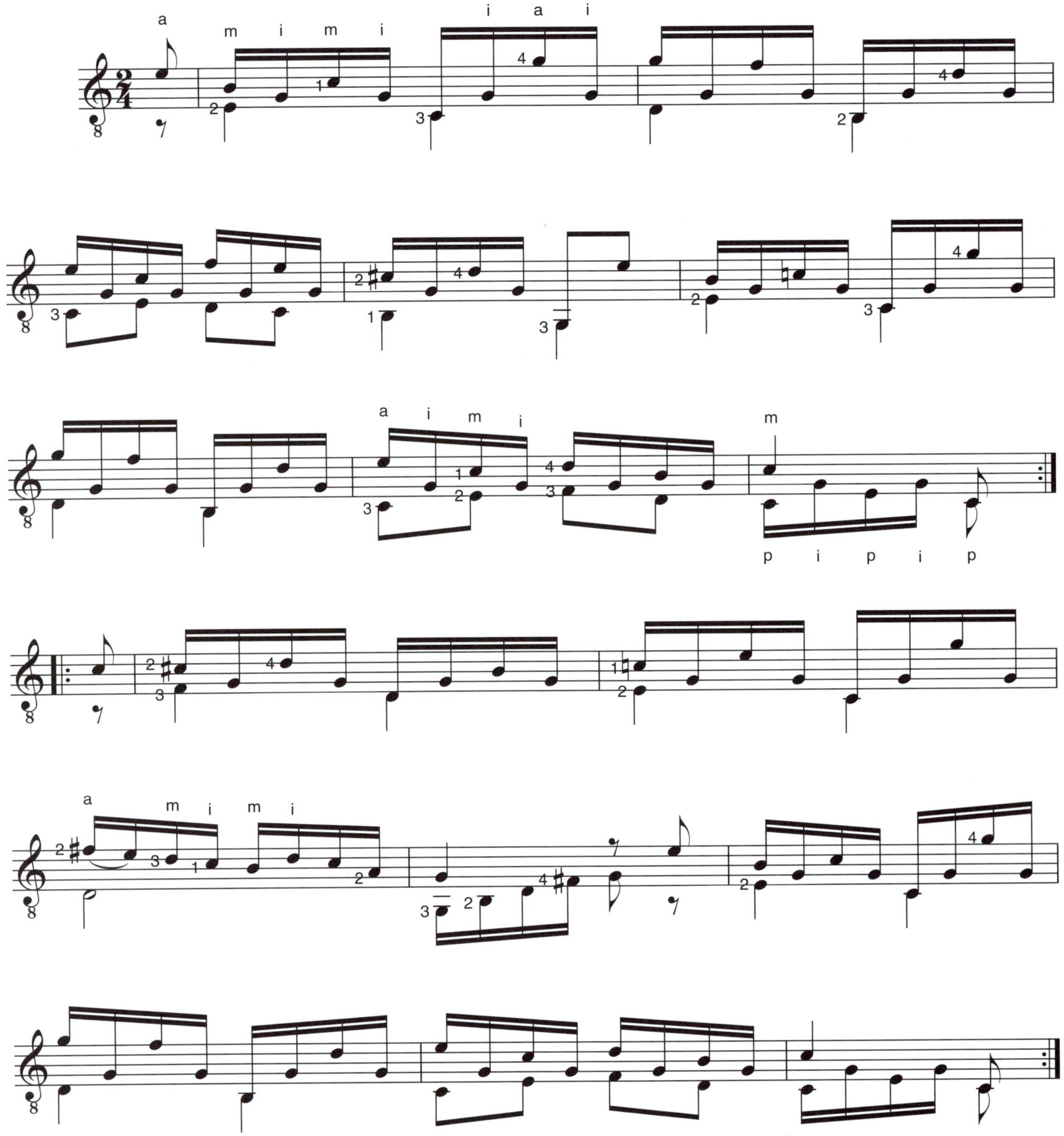

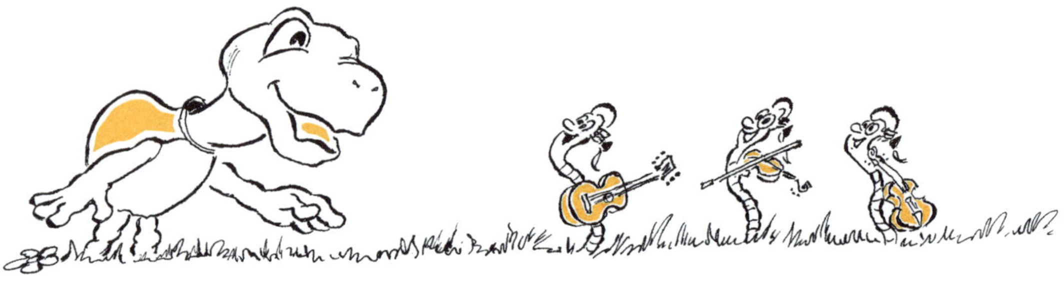

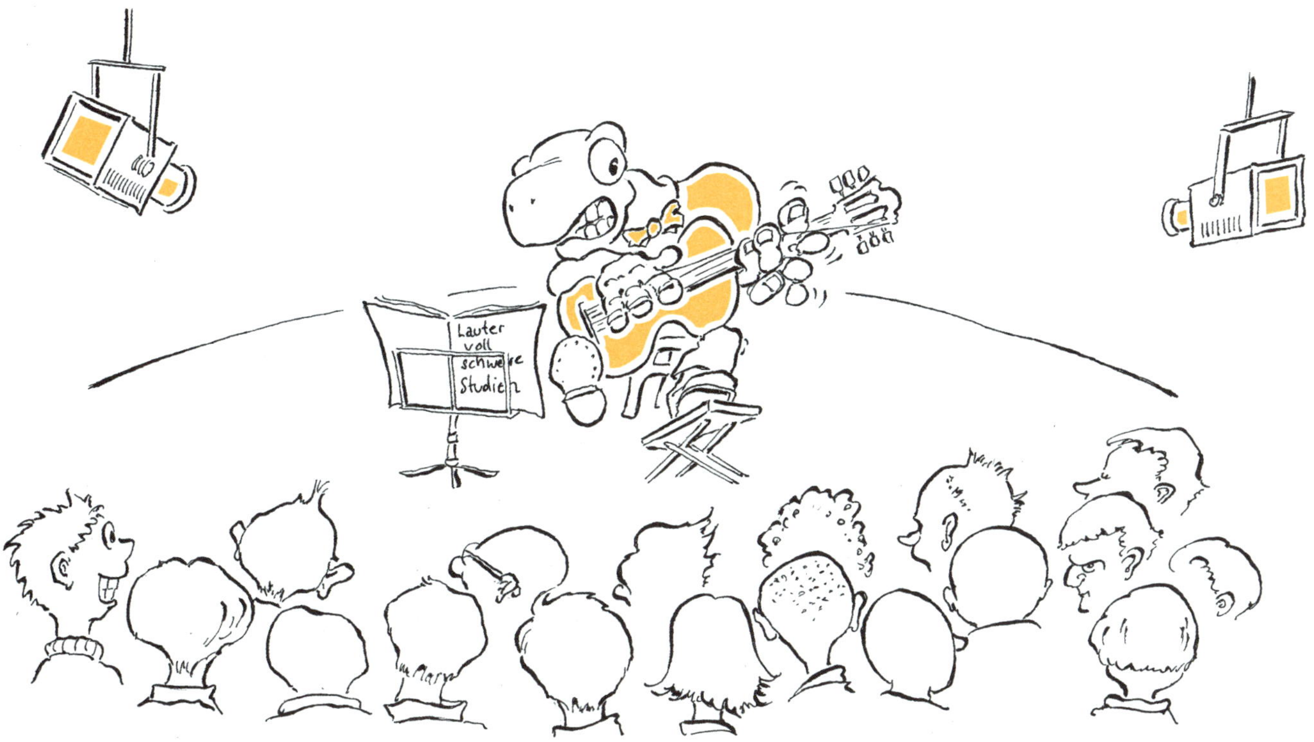

66 **Studie Nr. 5**

aus der Gitarrenschule

Napoleon Coste

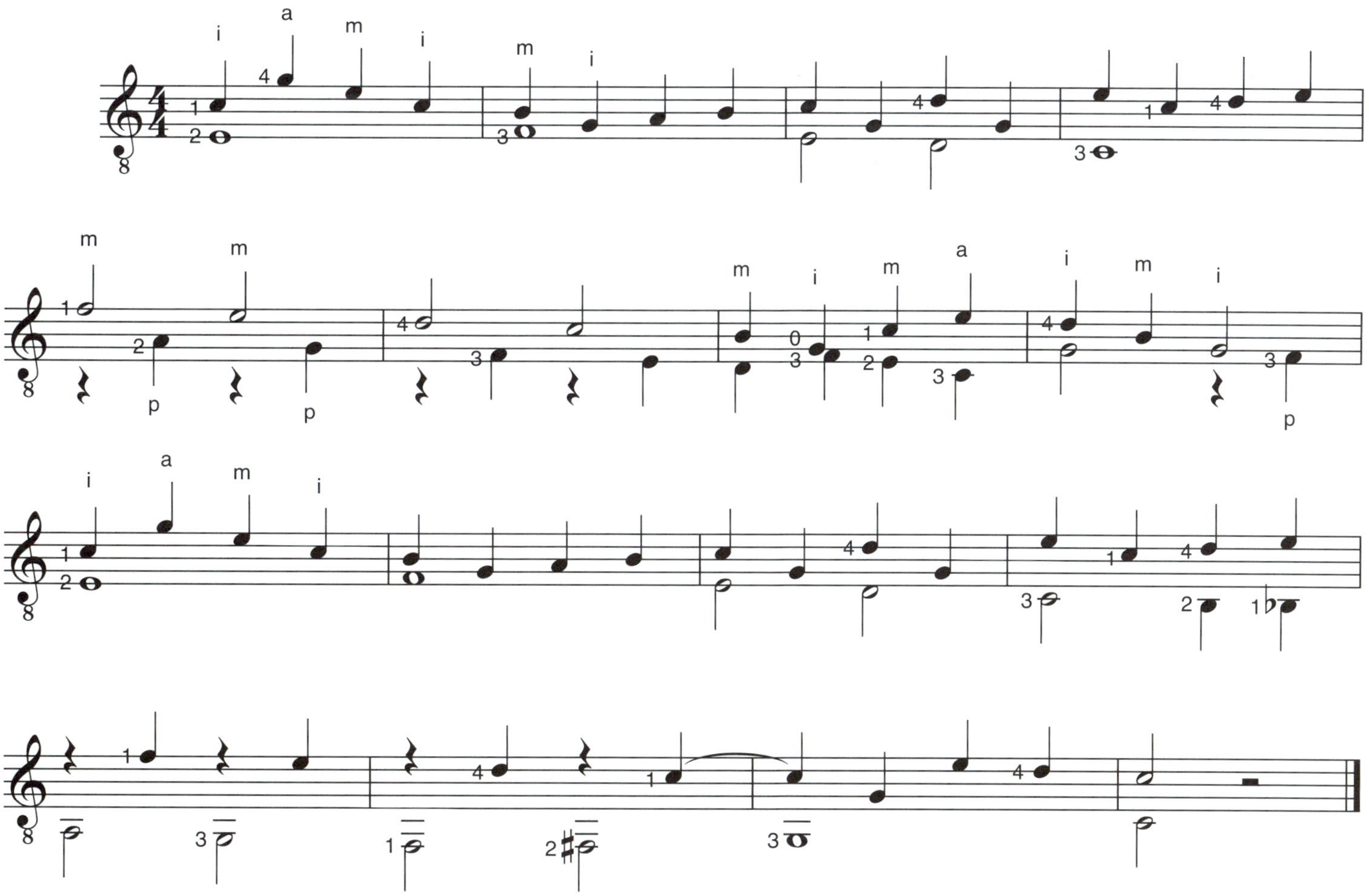

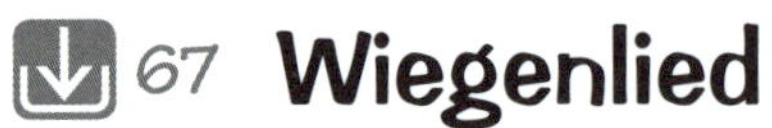

Wiegenlied

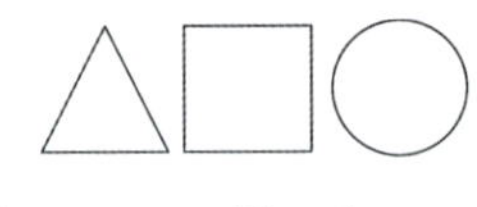

Johannes Brahms

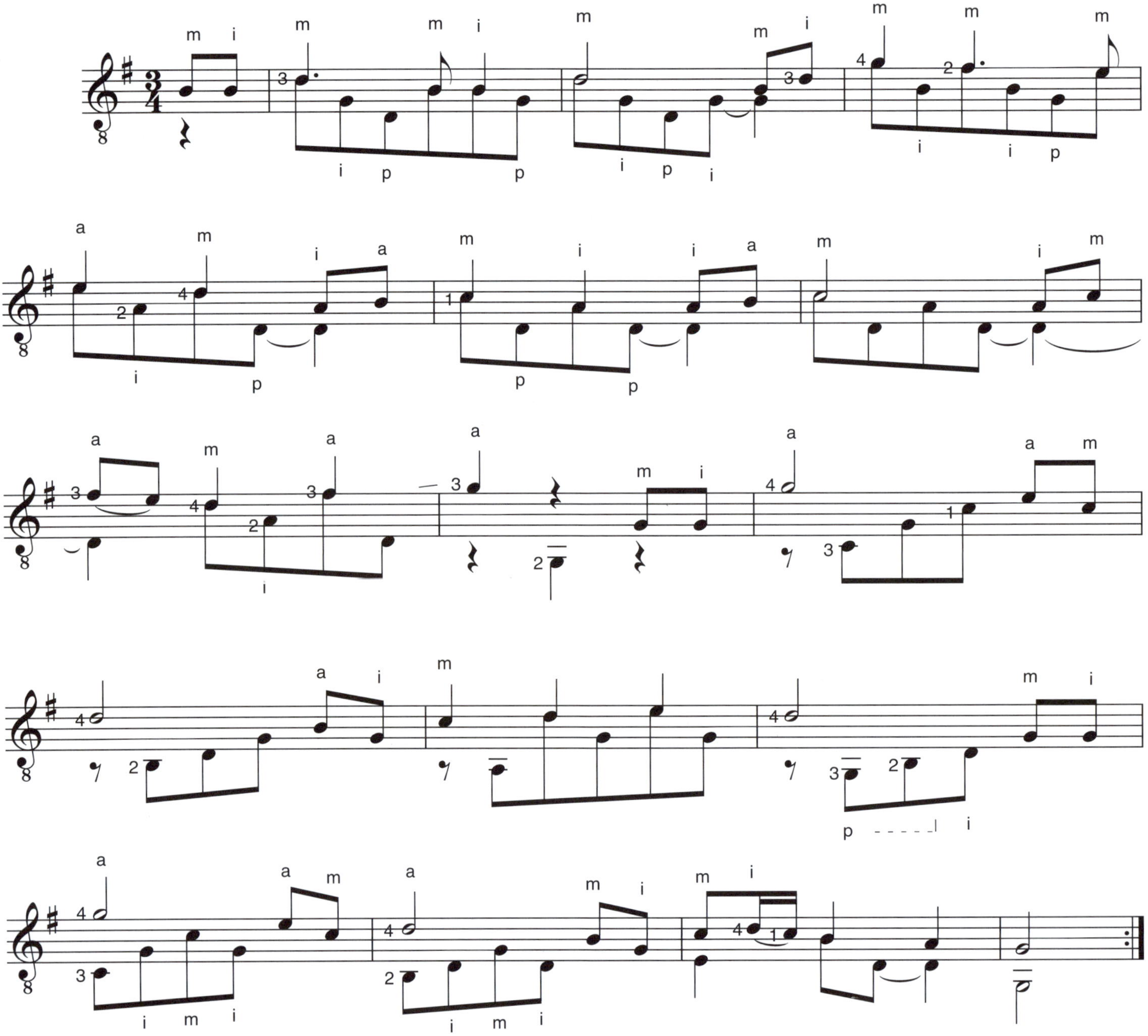

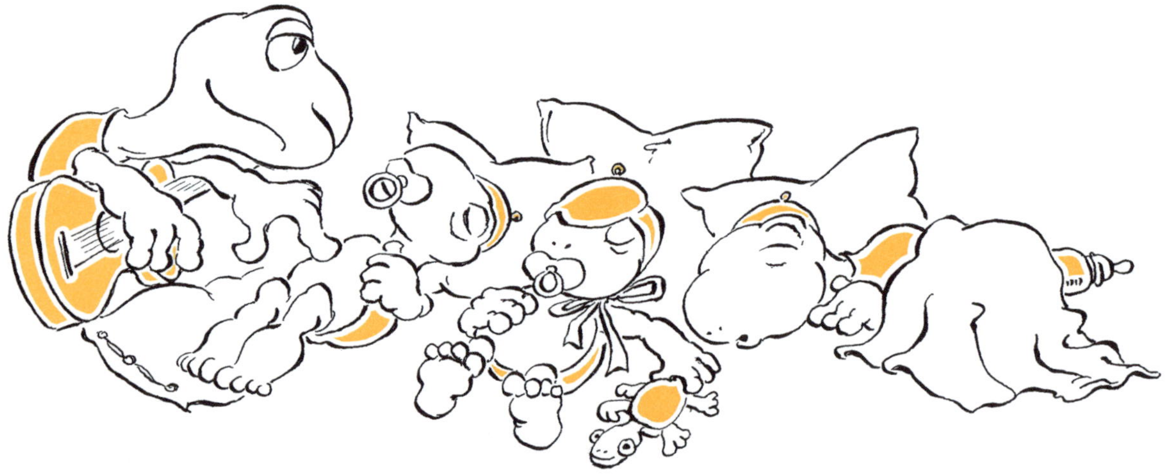

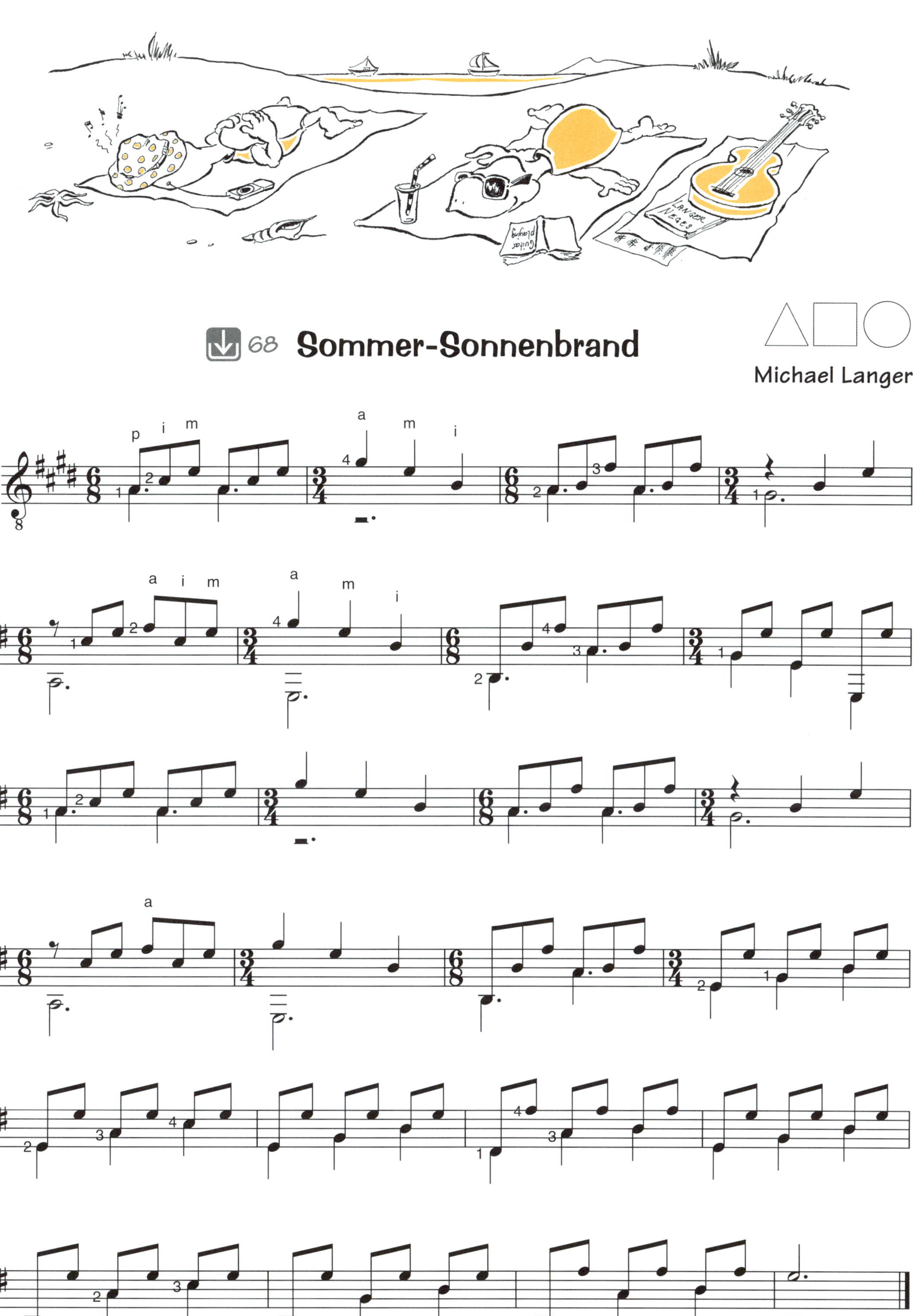
68 Sommer-Sonnenbrand
Michael Langer

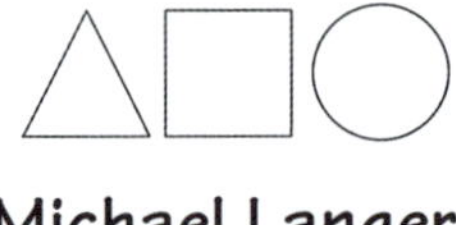

69 Ola, meine Prinzessin!

Michael Langer

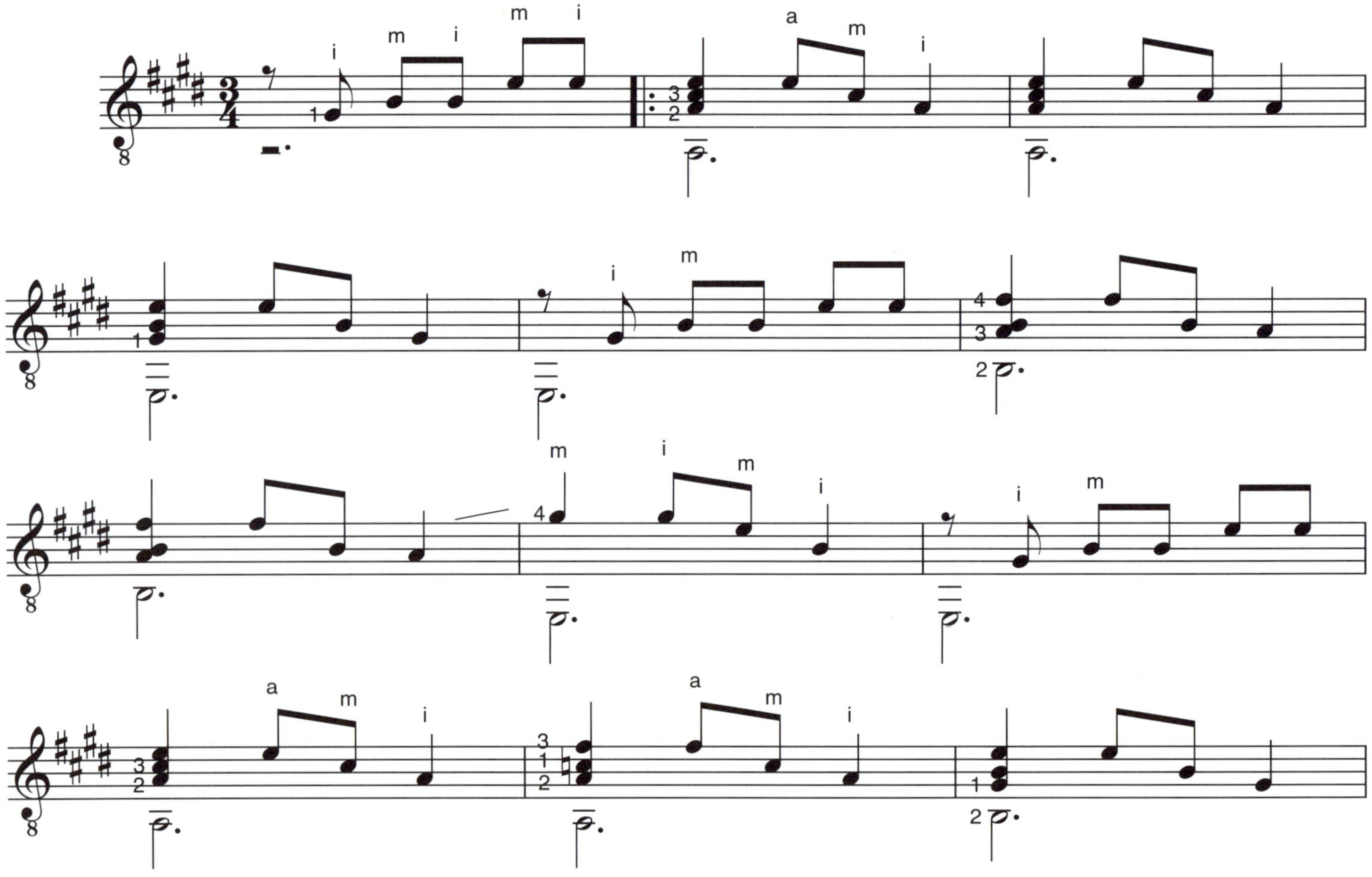

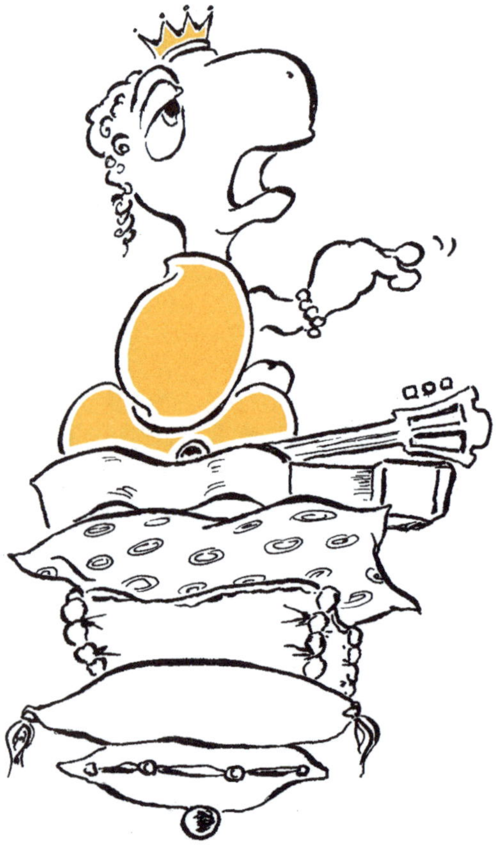

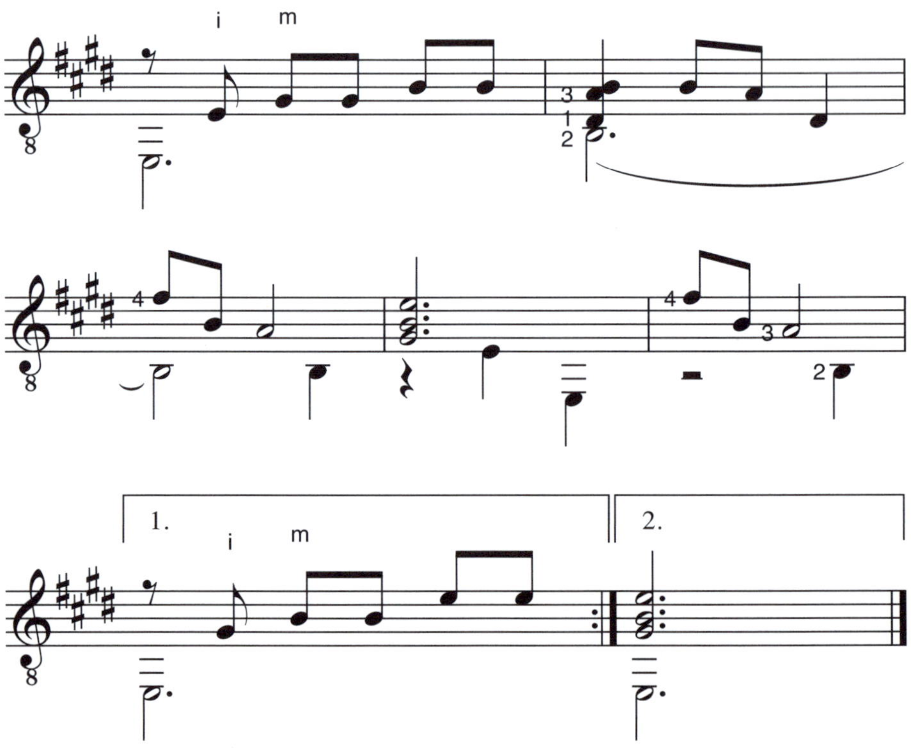

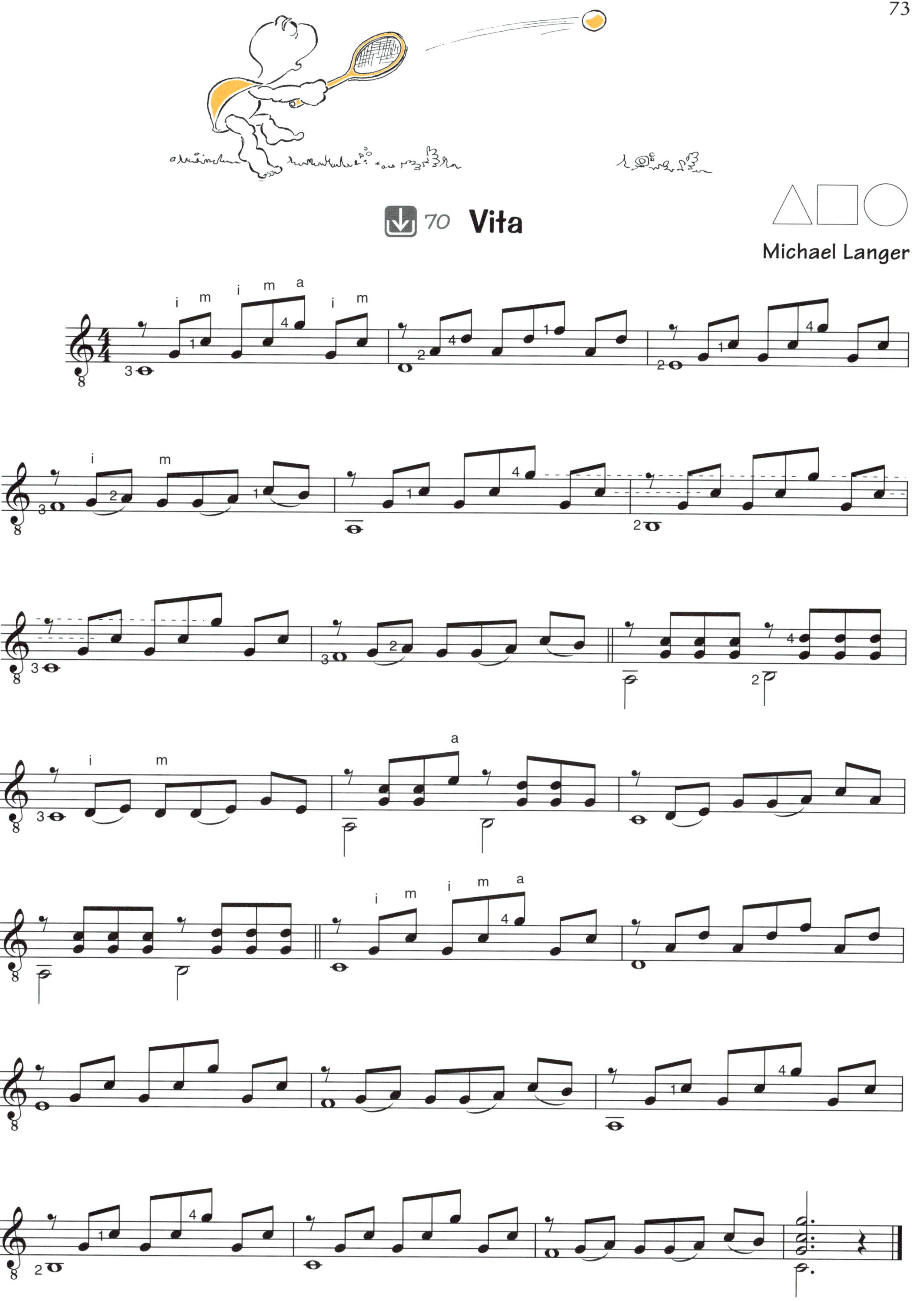
70
Vita
Michael Langer
i m i m a i m
i m
a
i m i m a

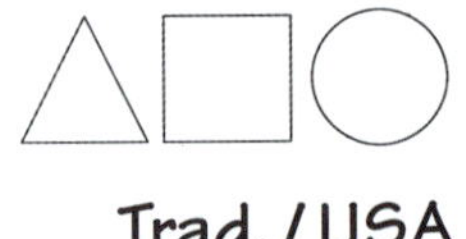

71 The House of the Rising Sun

Trad. / USA

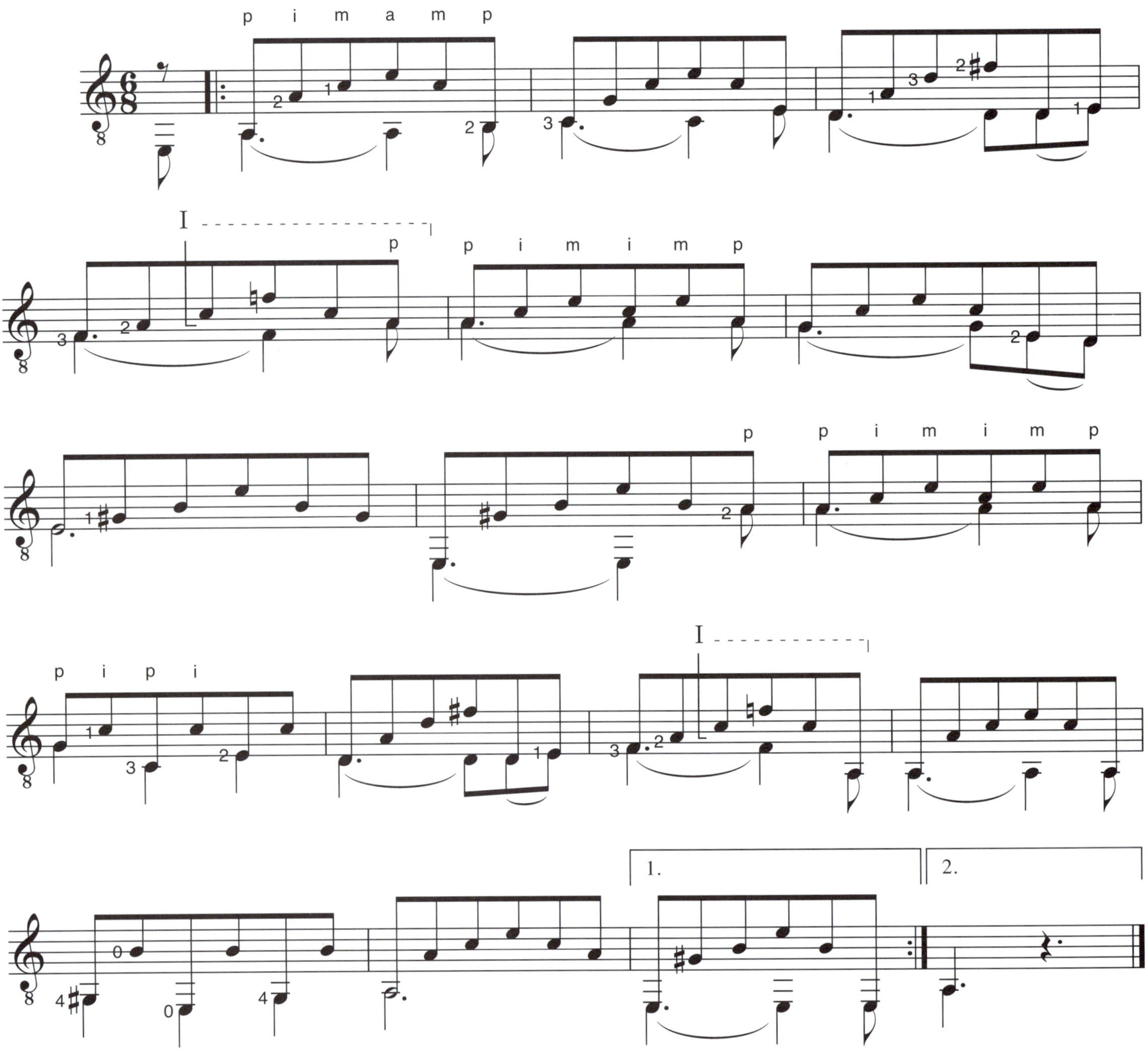

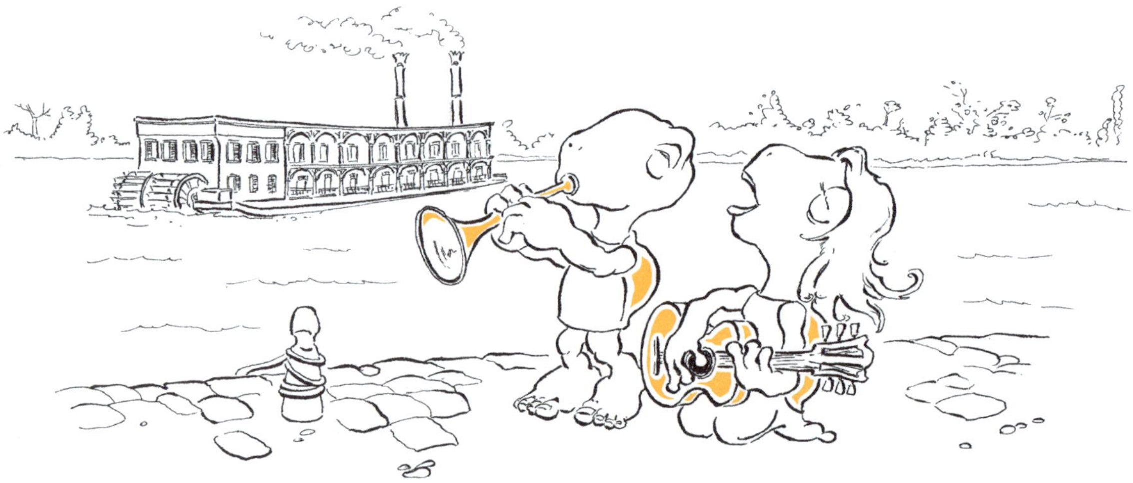

p i m a m p

I p

p i m i m p

p

p i m i m p

p i p i

I

1. 2.

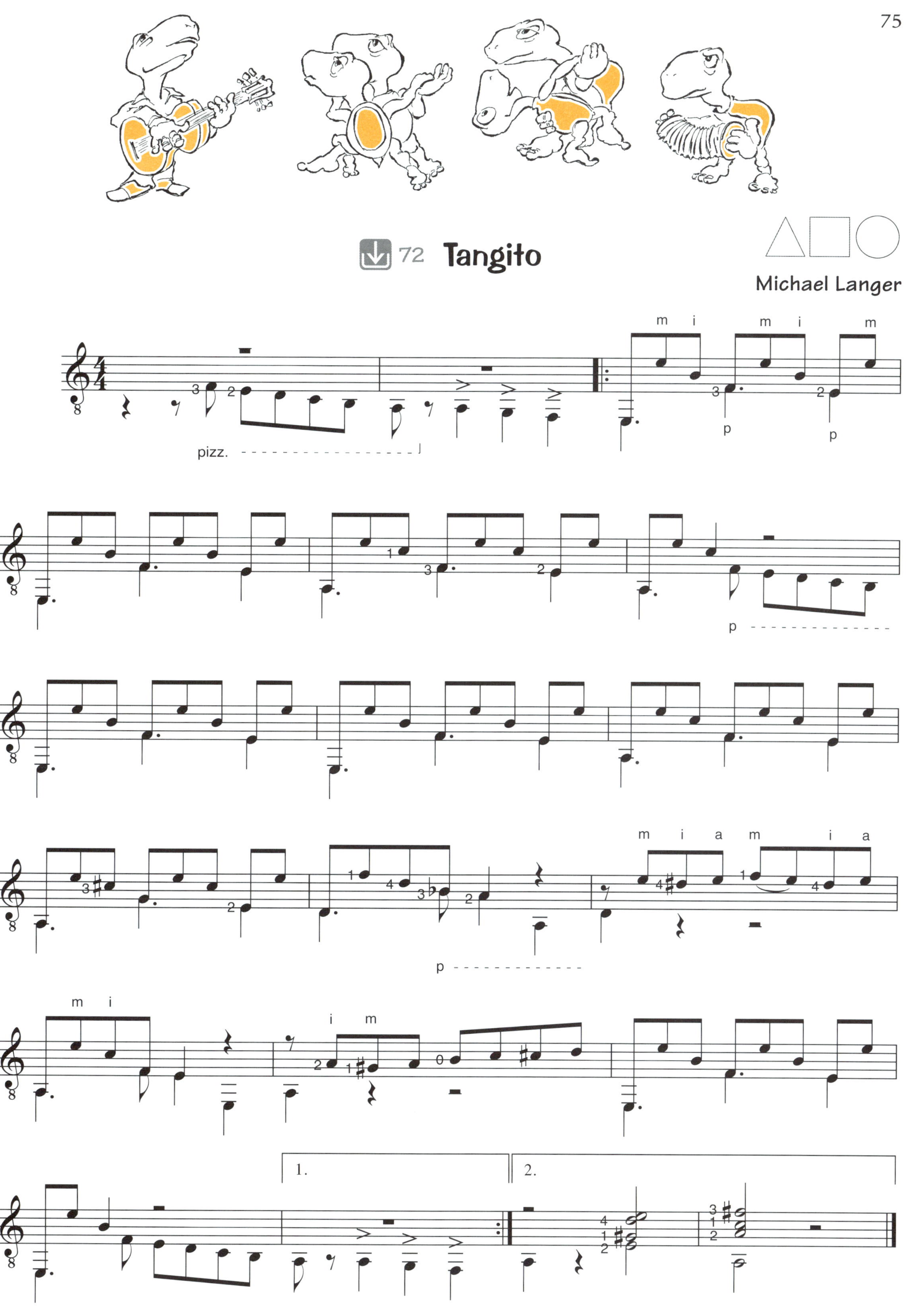
72 Tangito
Michael Langer
pizz.
1.
2.

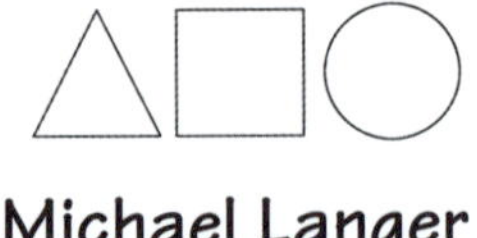

73 Sieben auf einen Streich

Michael Langer

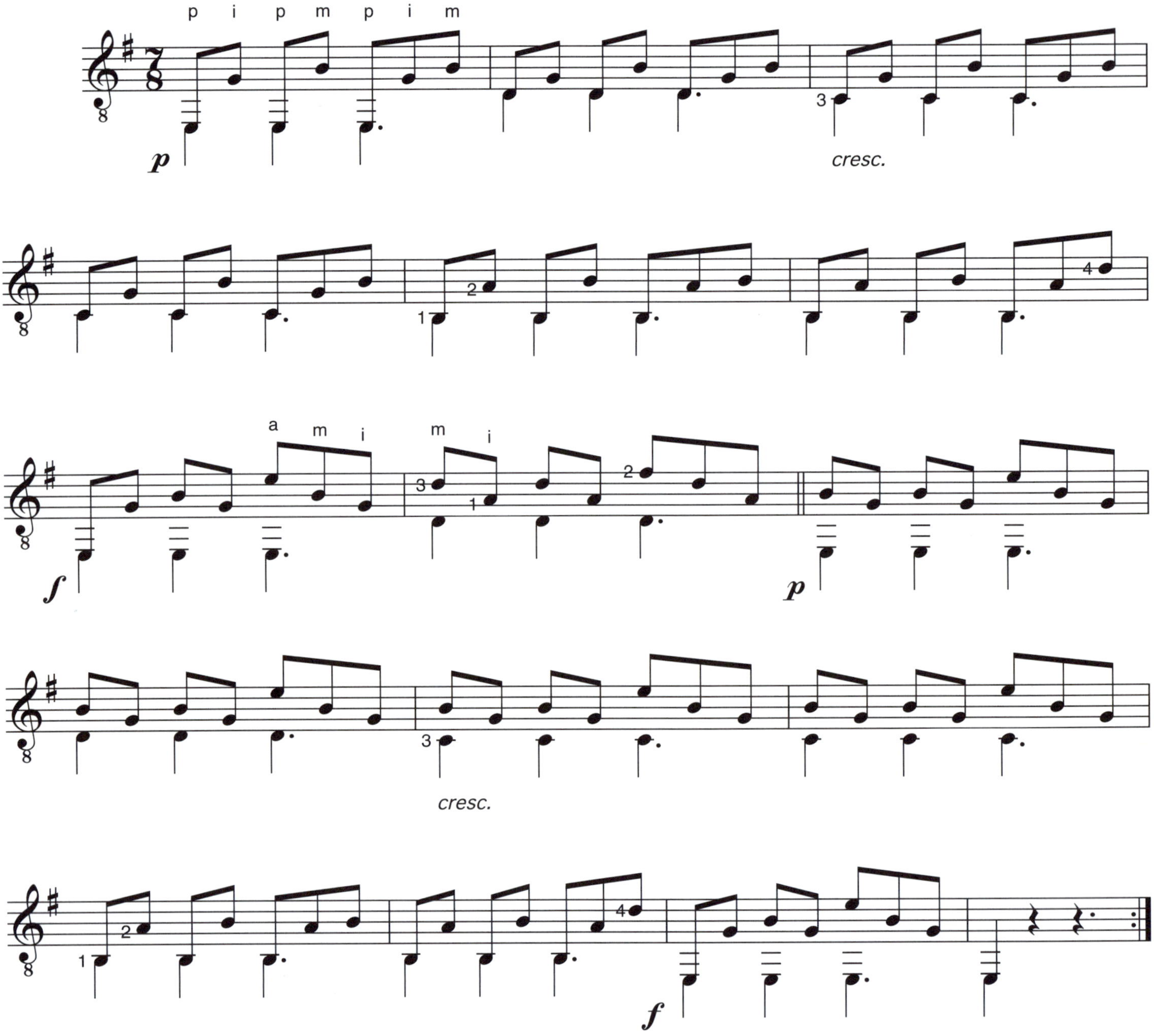

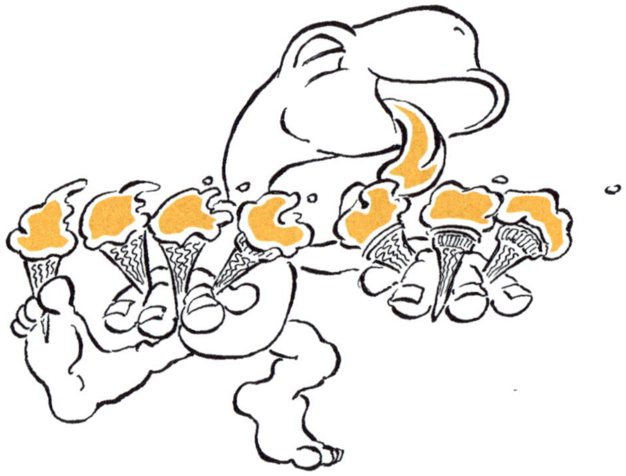

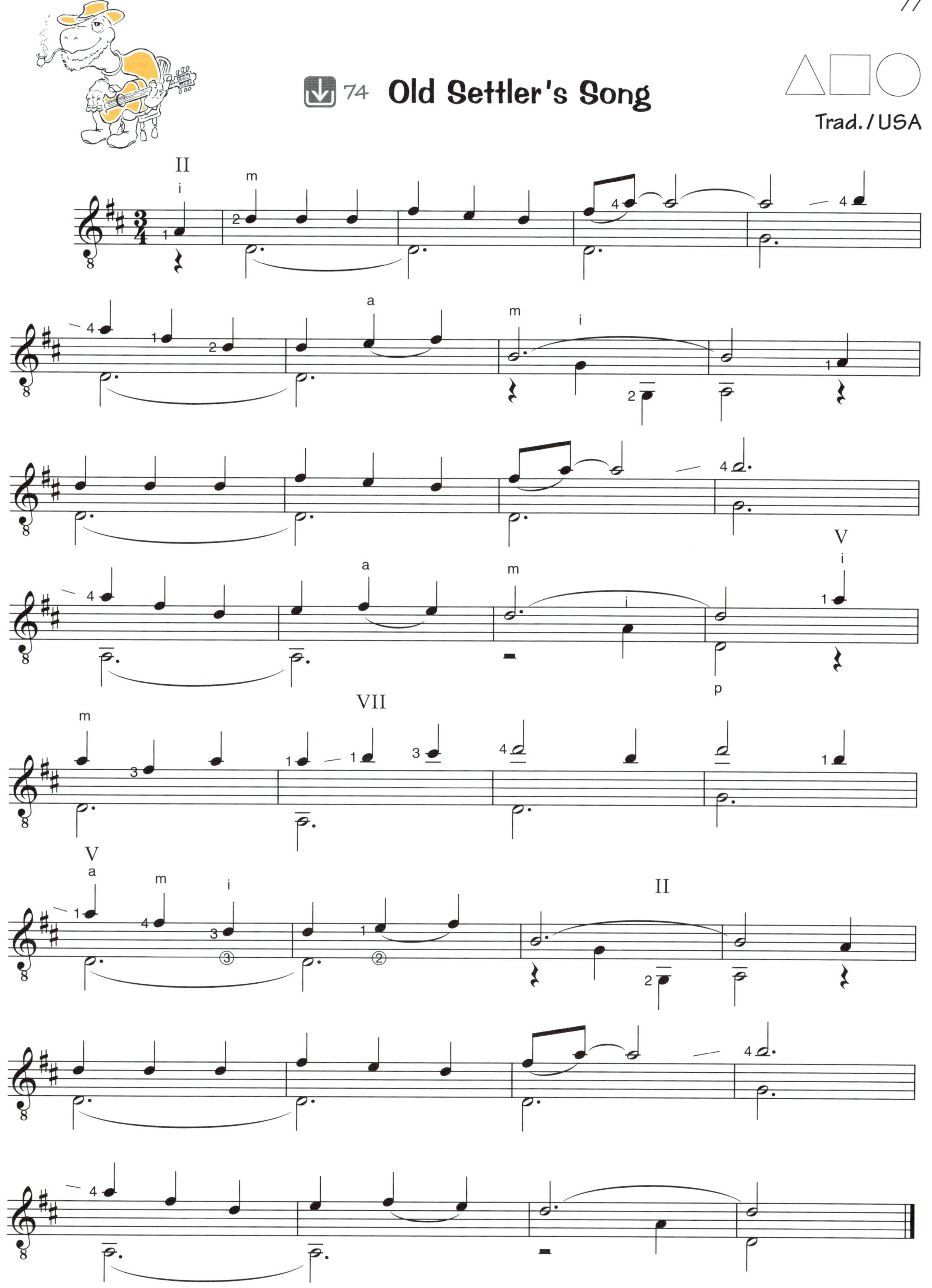
74
Old Settler's Song
Trad. / USA

MICHAEL LANGER · FERDINAND NEGES

Play Guitar

Play Guitar – Gitarrenschule

»Play Guitar« ist eine Gitarrenschule in zwei Teilen. Der Schüler kann die beiden Anschlagsarten Apoyando (Spiel mit Anlegen) und Tirando (Spiel ohne Anlegen) wahlweise gleichzeitig oder nacheinander erlernen. Play Guitar bietet eine große Vielfalt an Kompositionen und Arrangements, welche die stilistische Bandbreite des Gitarrenspiels schon Anfängern zugänglich machen soll. Zahlreiche Abbildungen in neuen Perspektiven verdeutlichen die technischen Abläufe auf leicht verständliche Weise. Workshops befassen sich mit Blues und Liedbegleitung.

Band 1

Teil 1 beginnt mit einstimmigem Spiel. Sobald die Finger der linken Hand kraftsparendes Greifen der Töne erlernt und sich erste Stabilität und Sicherheit der anschlagenden Finger rechts eingestellt haben, kann aus technischer Sicht ohne weiteres mit den für die Gitarre so typischen Zerlegungen begonnen werden.

D 3501/ISBN 978-3-86849-258-3  **mit Download**

Band 2

Voraussetzung für den Einstieg in Teil 2 ist die Kenntnis der auf den sechs Gitarrensaiten in der I. Lage vorkommenden Stammtöne der C-Dur-Tonleiter sowohl im Notenbild als auch auf dem Griffbrett. Akkordzerlegungen sind ein wesentlicher Bestandteil von Band 2.

D 3502/ISBN 978-3-86849-259-0  **mit Download**

Play Guitar Together

Die Gitarrenschule für den Gruppenunterricht

Band 1

In kleinen überschaubaren Einheiten werden die Töne der C-Dur-Tonleiter in der 1. Lage erlernt. Diese Lernschritte sind in gleichbleibende Bausteine verpackt, die ein Musizieren mit und ohne Noten (Improvisation) ermöglichen. Mit Mitteln der Popularmusik (Guitar-Percussion, Ghost-Notes, Strumming etc.) wird von Anfang an auf rhythmisch allereinfachster Basis ein Zusammenspielen von mindestens drei Gitarrist/-innen ermöglicht.

D 3505/ISBN 978-3-86849-262-0 **mit CD**

Band 2

Nach einer ausführlichen Erklärung der Töne mit Versetzungszeichen ist der Band 2 mit Hilfe der Gruppenunterrichtssituation auch ein Lehrgang für zweistimmiges Spiel und ein Kurs für Tirando-Liedbegleitung mit einfachsten Akkorden. Beide Themengruppen sind ineinander verzahnt und dabei progressiv aufgebaut. Die Beherrschung des polyphonen Spiels in der Zweistimmigkeit von Melodie und Bass, bzw. das Erlernen einfachster Zerlegungsmuster und Akkordwechsel ermöglichen den Einstieg in die Sololiteratur.

D 3506/ISBN 978-3-86849-263-7  **mit CD**

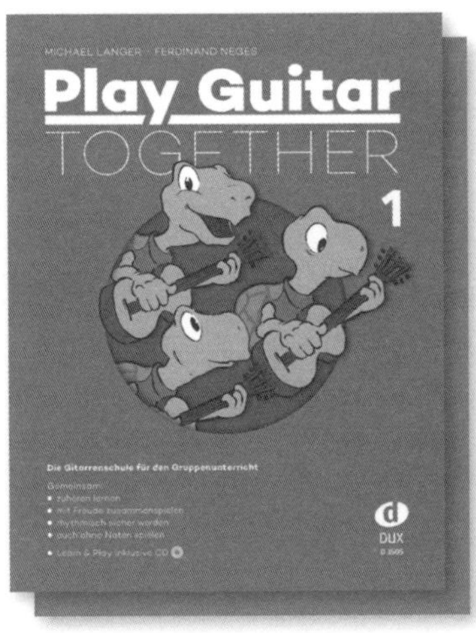

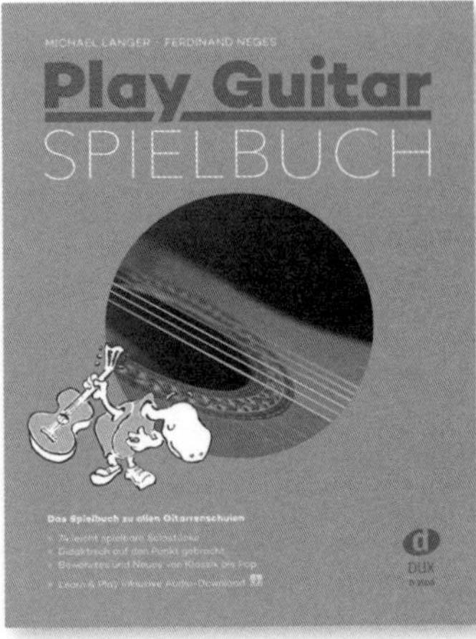

Play Guitar Spielbuch

Das Spielbuch zu allen Gitarrenschulen

Das »Play Guitar Spielbuch« ist eine didaktisch sorgfältig zusammengestellte Sammlung von Solostücken. Bei allen Spielstücken steht anfangs immer nur 1 spieltechnisches Thema im Mittelpunkt. Diese inhaltlichen Themen werden schrittweise weiterentwickelt und vermischt.

D 3508/ISBN 978-3-86849-265-1  **mit Download**

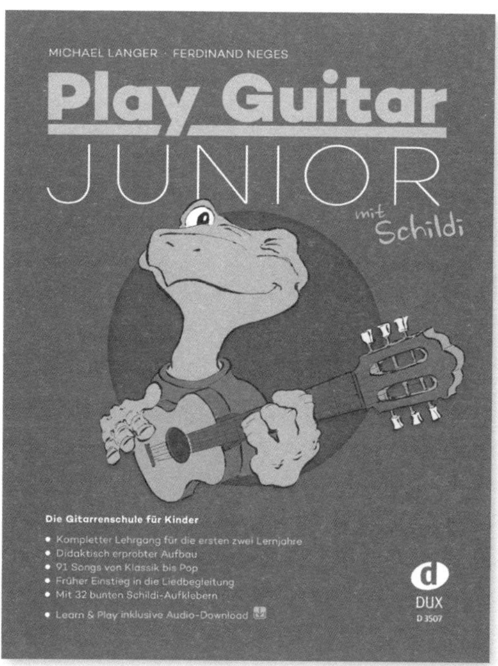

Play Guitar Junior mit Schildi

Die Gitarrenschule für Kinder
»Play Guitar Junior mit Schildi« ist eine Gitarrenschule für Kinder ab 6 Jahren. Fingersätze für die linke Hand sind nur sehr sparsam eingesetzt. Sie werden bei neu vorkommenden Noten jeweils nur bei ihrem ersten Erscheinen vermerkt. Ziel ist das Spiel nach Noten (und nicht nach Zahlen). Bis auf Vorübungen und begleitendes Übungsmaterial wurden sämtliche Stücke auf der beiliegenden Übungs-CD eingespielt. Bei den meisten Stücken ist eine Percussionstimme als lebendiges Metronom unterlegt.

D 3507/ISBN 978-3-86849-264-4  mit Download

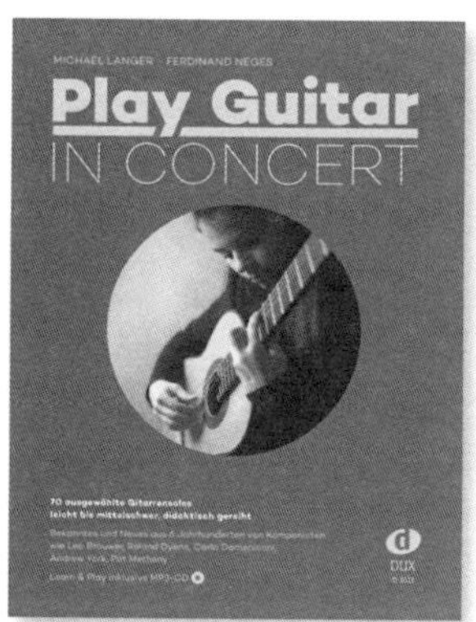

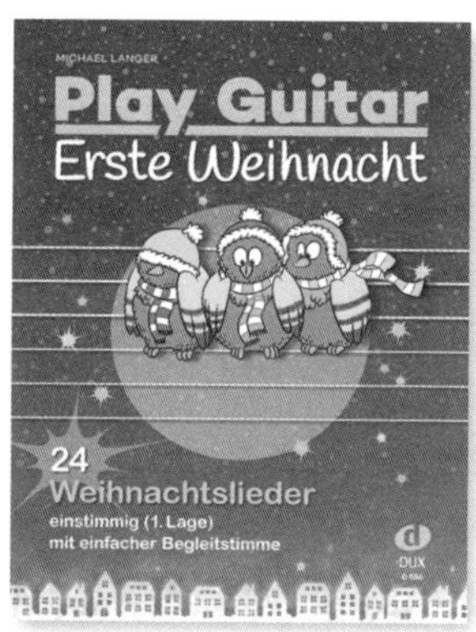

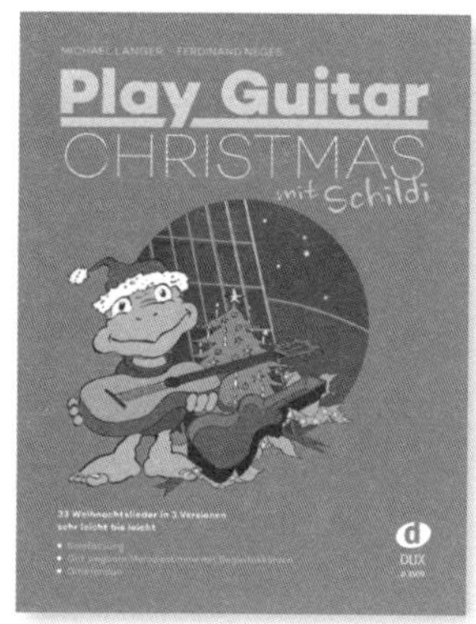

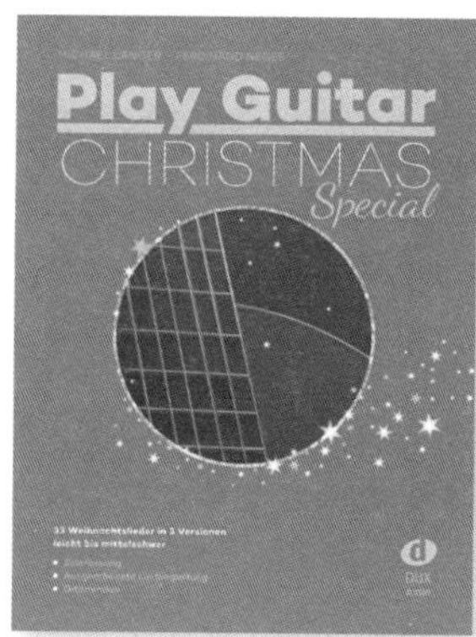

Play Guitar In Concert

70 ausgewählte Gitarrensolos - leicht bis mittelschwer, didaktisch gereiht
Eine hochklassige Auswahl attraktiver Konzertstücke in möglichst einfach gehaltenem Schwierigkeitsgrad, didaktisch gereiht (leicht bis mittelschwer). Diese Sammlung enthält Bekanntes und Neues aus 6 Jahrhunderten: je 10 Werke der Renaissance, des Barock, der Klassik und der Romantik sowie 30 Werke des 20. und 21. Jahrhunderts. Bearbeitungen populärer Titel wie „River Flows In You", „He's A Pirate", „Always Look On The Bright Side Of Life", „Manhã de Carnaval" und anderer runden die Sammlung umfassend ab.

D 3511/ISBN 978-3-86849-274-3  mit MP3-CD

Play Guitar Erste Weihnacht

24 Weihnachtslieder einstimmig (1. Lage) mit einfacher Begleitstimme
Play Guitar „Erste Weihnacht" soll das Spielen von Weihnachtsliedern auf der Gitarre von Anfang an ermöglichen. Ausgangspunkt ist einstimmiges Spiel im Fünftonraum G-Dur in der I. Lage, vom g bis zum d', dann wird der Tonraum Schritt für Schritt behutsam weiterentwickelt. Auch die Begleitstimme ist nach didaktischen Gesichtspunkten arrangiert: Sie soll am Anfang als Lehrerstimme dienen, aber auch für einen Anfänger im Tirando-Spiel bald erlernbar sein. Akkordsymbole sind der Begleitung beigefügt.

D 886/ISBN 978-3-86849-332-0

Play Guitar Christmas mit Schildi

33 Weihnachtslieder in 3 Versionen, sehr leicht bis leicht
Sämtliche Lieder dieses Bandes sind auf 3 verschiedene Arten spielbar:

1. Soloversion für Gitarre: möglichst einfache, aber bestklingende Version zu jedem Lied. Schwierigkeitsgrad: einfache Zweistimmigkeit und leichtes Tirandospiel.
2. Gesang (oder Melodie-Instrument) und Gitarrenbegleitung. Für jedes Lied wird eine gezupfte Begleitung (Picking) und eine geschlagene Begleitung (Strumming) vorgeschlagen.
3. Gitarrenduo: Die Soloversion und die Gitarrenbegleitung können auch mit zwei Gitarren gleichzeitig (teilweise mit Hilfe eines Kapodasters) gespielt werden.

D 3509/ISBN 978-3-86849-266-8

Play Guitar Christmas Special

33 Weihnachtslieder in 3 Versionen, leicht bis mittelschwer
Sämtliche Lieder dieses Bandes sind auf 3 verschiedene Arten spielbar:

1. Soloversion für Gitarre
2. Gesang (oder Melodie-Instrument) und ausgearbeitete Gitarrenbegleitung
3. Gitarrenduo: Die Soloversion und die Gitarrenbegleitung können auch mit zwei Gitarren gleichzeitig (teilweise mit Hilfe eines Kapodasters) gespielt werden.

D 3510/ISBN 978-3-86849-267-5

Audio-Liste

Die Audiodateien können unter

https://download.dux-verlag.de

nach Eingabe des Download-Codes kostenlos heruntergeladen werden.

Download-Code: 9tac-xbml

Wir empfehlen den Download mit einem PC oder Mac, da die Dateien in einem ZIP-Archiv vorliegen und erst entpackt werden müssen.